To ....

레시피팩토리는 행복 레시피를
만드는 감성 공작소입니다.
레시피팩토리는 모호함으로 가득한
세상 속에서 당신의 작은 행복을 위한
간결한 레시피가 되겠습니다.

아기와 함께 **10개월** 잘 먹기

태교음식

배 속에 있을 때부터 잘 먹이고 싶은 마음, 그것이 엄마의 사랑입니다

바라고 바라던 엄마가 되었습니다. 첫째를 임신했을 때는 일을 병행하기도 했고, 유난 떠는 사람도
아닌지라 태교에 별달리 신경을 쓰지 않았습니다. 그저 '엄마가 행복하면, 아기도 행복하다'라는 생각에
평범한 일상에서 최대한 편안하게 열 달을 보내고자 했지요. 좋아하는 음악 듣기, 일주일에
몇 번 안 되어도 남편 손깍지 끼고 산책하기, 스트레스는 친구들 만나 수다로 훌훌 털기. 이게 전부였던 것
같아요. 하지만 딱 한 가지 까탈스럽게 챙겼던 것이 있어요. 바로 '내 아이를 위해 바르게 먹기'였습니다.

배 속의 아기는 엄마의 생각, 엄마의 감정, 엄마의 먹거리를 고스란히 이어받는데요,
특히 엄마의 먹거리와 식습관은 장기적으로 아이 건강에 큰 영향을 끼치지요. 저는 임신했을 때
무엇보다 '제대로 잘 먹는 엄마'가 되고자 노력했습니다. 소박해도 정성이 담긴 밥상을 대하는 제 마음은
늘 행복했어요. 혼자 먹을 때도 배 속 아기와 둘이 함께라고, 남편까지면 셋이라는 생각에
더욱 감사하게 식사했지요. 입맛이 없다고 말하고선 두부를 지글지글 들기름에 지져 오이와 고추,
상추에 쌈만 싸 먹어도 참 맛있었으니, 저는 정말 잘 먹는 예비 엄마였던 건 분명합니다. 그 덕분일까요?
첫째 아이는 아주 건강하게 태어났습니다. 그리고 둘째를 임신했을 즈음, 제 전공인 영양학과
건강음식 이론을 바탕으로 생생한 경험을 더한 태교음식책을 내보자는 권유를 받았습니다.

나름대로 공부하고 정리해둔 자료와 레시피들이 많아 흔쾌히 수락했지요. 하지만 첫 임신 때와 달리
아직 어린 첫째를 돌보며 제 식사까지 챙기기가 녹록시 않더군요. 그야말로 전투 육아,
전투 임신이었지요. 예전 레시피를 따라 하려다 보니 욕심껏 넣은 재료들, 다소 복잡한 과정들이
눈에 띄었고요. 그래서 맛과 영양은 부족함 없이 채우면서도 조리법은 조금 더 쉽게, 조금 더 간편하게
다시 만들었습니다. 덕분에 요리 왕초보 남편도 만들기 좋은 메뉴들이 되었지요.

과정은 단순하지만 재료에 힘을 주어 아이를 단단하게 만드는 요리들. 엄마는 아름다운 D라인이 되고,
아이는 배 속에서 더욱 건강하게 크고, 만들기 쉬워 아빠도 요리하게 해주는 레시피. 이 책 속에
빼곡히 담긴 메뉴들을 임신 때는 매일 챙겨 먹었고요. 지금도 세 살 터울 아들 둘을 키우며
자주 해 먹곤 한답니다. 열 달의 기간은 결코 만만한 시간이 아닙니다. 그렇다고 뭐 태교가 별것 있나요?
영양 가득한 한 끼로, 나 자신과 배 속의 아기를 토닥이는 것이지요. 잘하고 있다고, 아주 잘 하고
있다고요. 한 그릇 뚝딱 비우고 나면 세상 어떤 칭찬보다도 큰 위로를 받는 행복한 느낌이 들 거예요.

마지막으로 이 글을 쓰는 지금도 손주들을 돌보시면서 어서 일하고 오라고 지원해 주시는
큰 나무 같은 엄마, 감사합니다. 나는 아직도 엄마의 밥이 제일 맛있어요. 엄마의 밥상은 나를 키운
큰 원동력이 아니었나 싶습니다. 그리고 엄마가 최고라고 늘 엄지를 두 개씩 들어주는 고마운 첫째 훈이,
그저 바라만 봐도 좋다고 방실거리는 둘째 준이, 아들 둘 아빠라는 것이 실감 나지 않는다면서도
육아의 신이 되어버린 사랑하는 남편, 물심양면 도와준 출판사 레시피팩토리 가족들.
긴 시간 동안 이 책이 나올 수 있도록 관심과 사랑, 응원을 아끼지 않은 가족과 지인들에게 다시 한번
깊이 감사를 드립니다. 많은 분들이 열과 성을 다한 만큼 부디 이 책이 임신과 동시에 무엇을,
어떻게 먹어야 할지 고민하는 대한민국 예비 엄마 아빠들에게 도움이 되면 좋겠습니다.

2018년 봄, 저자 이지연

*Contents

BASICS
임신부가 꼭 알아두어야 할
태교음식 기본 가이드

소품 협찬 디밤비(www.dibambi.com)

초기 임신부를 위한 태교음식 40가지

입맛을 돋우고
입덧을 완화시키는
레시피

🌶 매콤한 맛
🍈 새콤한 맛

임신부 증상별
완화 메뉴는
인덱스(262쪽)를
확인하세요!

CHAPTER 2 ✳ 4~7개월
중기 임신부를 위한 태교음식 34가지

CHAPTER 3 ✱ 8~10개월
후기 임신부를 위한 태교음식 38가지

임신부가 꼭 알아두어야 할
태교음식 기본 가이드

이론부터 지침까지

임신부는 무조건 넉넉히 먹어야 한다? No! 영양소와 열량을 따지지 않고
임신 기간 내내 몸이 원하는 대로 과식하게 되면 체중이 지나치게 늘어
임신 트러블에 시달릴 수 있어요. 엄마와 아기 모두의 건강에 좋지 않을뿐더러
출산 후 회복도 더뎌집니다. 그렇다면 무엇을, 어떻게 잘 먹어야 할까요?
태교음식을 따라 하기에 앞서 꼭 알아두어야 할 기본 정보들을 실었습니다.
임신 기간 내내 자주 펼쳐 보며 숙지하세요.

이런 내용들을 실었어요!

1 ___ 태교음식이 중요한 이유부터 임신 기간별 엄마와 아기의 변화,
임신부에게 가장 중요한 4가지 영양소에 대해 자세히 알려드립니다.
영양제 섭취 요령도 꼼꼼히 짚어드려요.

2 ___ 매일 실천할 수 있는 임신부의 식생활 지침을 소개했어요. 재료별 장보기부터
식단 구성법, 외식 메뉴와 가공식품 건강하게 즐기는 방법까지 모두 실었습니다.

3 ___ 임신부들이 가장 두려워하는 각종 임신 트러블. 원인에 대해 알아보고
증상을 완화하기 위한 식생활 포인트를 소개했어요.

4 ___ 책 속 레시피를 보다 알차게 활용하기 위한 영양정보 가이드와 함께
계량법, 불 세기 조절법, 재료 손질법 등도 알려드립니다.

태교음식이 왜 중요할까?

예비 엄마의 식탁에서부터 시작되는 태아 프로그래밍

66 임신부가 먹는 음식은 태아의 유전자에도 영향을 준다고 해요.
엄마와 아기의 건강을 위해 열 달 간의 식생활이 더욱 중요한 이유입니다.

임신 소식을 듣고 나면 가장 바라는 것이 태어날 아기의 건강일 겁니다. 저 역시 임신했을 때
'건강하게만 태어나 주렴'이라고 매일 기도했으니까요. 임신부가 잘 먹어야 아기도 건강하다는 것은
누구나 아는 사실입니다. 태아는 탯줄을 통해 엄마가 섭취한 영양분을 전달받고,
엄마가 보고, 듣고, 느끼는 모든 것에 영향을 받습니다. 특히 임신부가 먹는 음식은 엄마의 건강은
물론 태아의 유전자에도 영향을 미친다고 하니 열 달간의 식생활은 참으로 중요해요.

아이의 미래를 결정짓는 태아 프로그래밍

무리한 체중 조절, 영양 불균형의 식단과 잦은 외식으로 식생활이 흔들리는 예비 엄마들이 늘어나고
있습니다. 많은 엄마들이 임신이라고 마음 놓고 먹으면 아이가 비만이 될까 봐 다이어트를 한다고
하지만, 아이러니하게도 임신 중 무리한 다이어트가 오히려 아이의 비만을 유발한다는 연구결과가
속속 발표된다는 사실, 아시나요?

첫째 아이가 배 속에서 자신의 존재를 알리며 배가 불러올 때쯤 'EBS 다큐프라임, 퍼펙트 베이비'
라는 방송을 보고 적잖은 충격을 받았습니다. 다큐멘터리에서 소개한 태아 프로그래밍
(Fetal programming) 때문이었는데요, 그 내용은 태아가 자궁 속에서 겪은 환경에 의해
태어난 이후의 삶이 결정된다는 것이었습니다.

제 2차 세계 대전 대기근 때 네덜란드에서는 독일군에 의한 식량 공급 제한과 혹한으로
많은 국민들이 '배고픈 겨울'이라 불리는 시기를 지냈다고 합니다. 당시 임신부들의 배 속에 있던
4만 명의 아기들은 저체중아로 태어났고 이 아이들을 추적 조사한 결과 성인이 된 후
비만, 고혈압, 당뇨, 심장질환 등의 만성 성인 질환에 걸린 비율이 높게 나왔습니다.
여러 조사와 동물실험에서도 동일한 결과가 나타났지요. 그 이유는 무엇일까요?

바로 자궁 속에서 오랜 기간 배고픔을 경험한 태아는 앞으로도 굶주릴 것이라 예측하여
공급받은 영양분의 대부분을 지방으로 저장하도록 유전자에 영향을 주고, 그로 인해 출생 후에도
섭취한 음식이 쉽게 지방으로 전환되면서 비만과 성인병에 걸리게 된다는 것이죠.

엄마와 함께 느끼고 자라는 아기

아이의 건강이나 기질 등은 부부에게 물려받은 유전적인 것과 태어난 후 환경적인 영향이
절대적이라고 생각했었는데, 그에 앞서 배 속 아기와 함께 하는 열 달이 얼마나 소중한지
다시 한번 깨닫는 순간이었습니다. 임신은 출생이라는 이벤트를 위한 기다림이 아닌,
시작을 준비하는 기간입니다. 완벽하게 잘 챙겨 먹어야 한다는 부담감까지 느끼지는 말되,
예비 엄마로서 책임감은 가져주세요. 나와 태아를 위해 영양가 있는 음식을 충분히
섭취하고 편하게 기다리는 것. 내 아이를 위한 첫걸음입니다.

임신 기간별
아기의 발달과 엄마의 변화

초기, 중기, 후기의 열량과 영양소 변화, 적절한 체중 증가

임신 사실을 안 기쁨도 잠시, 마음은 준비가 안된 것 같은데 몸은 먼저 변화를 느낍니다. 초기에는
입덧으로, 어느 정도 먹을 만해지는 중기에는 식욕이 너무 당겨서, 후기에는 몸이 수시로 붓거나 변비로…
그 고민도 제각각이지요. 하지만 엄마가 되기 위해 '참을 인(忍)' 자를 수도 없이 새겨야 한다는 말처럼
이제 '예비 엄마'이기 때문에 몸의 변화를 핑계로 먹는 것을 소홀히 할 수는 없어요.
그 사이에도 배 속의 예쁜 아기는 하루가 다르게 자라고 있기 때문입니다. 임신 기간별로 필요한
영양소를 섭취하며 세상 밖으로 나올 아기의 준비를 도와주세요.

임신 기간별 필요 열량과 영양소의 변화

태아는 각 시기별로 필요한 대부분의 영양소를 엄마의 몸에서 가져갑니다. 쉬운 예로 임신 초기
입덧이 심해 체중이 줄어든 경우에도 대부분 병원에서는 "태아는 잘 자라고 있습니다"라고 답변하지요.
엄마가 빈혈이 있더라도 태아는 엄마 몸에 저장된 철분을 우선적으로 가져가기 때문에 빈혈에 걸리지
않아요. 하지만 빈혈 상태로 출산을 하면 엄마는 산후에 심한 어지럼증을 느끼고 회복도 더디지요.
칼슘 역시 엄마의 몸에 저장된 것을 가져가기 때문에 당장 태아에게 미치는 영향은 없지만,
엄마가 나중에 골다공증으로 고생할 수도 있어요. 단백질 등 다른 영양소도 마찬가지라서
엄마와 아기 모두의 영양과 건강을 위해 시기별로 특히 신경 써야 할 영양소를 알고 먹는 것이 중요해요.
기억하세요! 임신과 육아는 체력전이에요.

하루 영양 섭취 기준

영양소	비임신(여성)		임신부(초기)	임신부(중기)	임신부(후기)	수유부
열량(kcal)	19~29세	2,100	2,100 (+0)	2,440 (+340)	2,550 (+450)	2,420 (+320)
	30~49세	1,900	1,900 (+0)	2,240 (+340)	2,350 (+450)	2,220 (+320)
단백질(g)	19~29세	50	50 (+0)	65 (+15)	80 (+30)	75 (+25)
	30~49세	45	45 (+0)	60 (+15)	75 (+30)	70 (+25)
비타민A(μgRE)	650		720 (+70)			1,140 (+490)
비타민D(μg)	10		10 (+0)			10 (+0)
비타민C(mg)	100		110 (+10)			140 (+40)
엽산(μgDFE)	400		620 (+220)			550 (+150)
칼슘(mg)	700		700 (+0)			700 (+0)
철(mg)	14		24 (+10)			14 (+0)

출처 : 2015 한국인 영양섭취 기준(보건복지부)

임신부의 건강을 위한 적절한 체중 증가

임신부들이 예민하게 신경 쓰는 것 중 하나가 체중이 아닐까 싶어요. 저도 아침저녁으로
체중계에 오르내리며 나름 관리를 했었답니다. 임신 기간별로 권장하는 체중 증가량에 비해
적게 늘거나 많이 늘어난다고 해서 너무 걱정할 것은 아니지만, 가급적 적정한 체중 증가를
유지하는 것이 태아의 건강한 성장과 산후 조리를 위해 좋습니다. 특히 임신 중 과하게
체중이 증가할 경우 제왕절개 가능성이 커지고 임신성 당뇨, 고혈압, 임신중독증 등도
생길 수 있어요. 또한 산후 회복이 늦어지거나 산후 비만으로 이어질 수 있으니 주의하세요.
임신 중 권장 체중 증가량은 체질량지수(BMI)를 통해 가늠할 수 있습니다. 임신 전
정상 체중이었다면 11.5~16kg 정도 체중이 늘어나는 것이 적정하지만,
너무 말랐거나 비만이었다면 엄마와 아기의 건강을 위해 아래 표를 참고해 체중을 관리하세요.

체질량지수(BMI : Body Mass Index) 계산법

임신 전 몸무게(kg) / 키(m) × 키(m)　★키는 cm를 m로 환산할 것

예) 몸무게 53kg, 키 162cm의 경우 BMI 지수는 53(kg) ÷ 1.62(m) × 1.62(m) = 약 20.2

임신 전 체질량지수에 따른 권장 체중 증가량

임신 전 체질량지수(BMI)	임신 시 총 체중 증가량(kg)	임신중·후반기 주별 체중 증가량(kg/week)
18.5 이하(저체중)	12.5~18	0.5~0.6
18.5~22.9(정상 체중 범위)	11.5~16	0.4~0.5
23~24.9(과체중)	7~11.5	0.2~0.3
25 이상(비만)	5~9.1	0.2~0.3

출처 : 아세아-오세아니아 산부인과학회

정상적인 체중 증가를 위해 열량, 영양소 고려한 임신부의 식생활

임신 초기의 경우 입덧 등의 이유로 체중이 줄 수도 있어 12주까지는 보통 1~2kg의 체중 증가가
적당하며, 12~20주까지는 누적 3kg, 20주에서 40주까지는 일주일에 0.4kg씩 증가하는 것이 적절합니다.
단, 앞서 설명한 체질량지수(BMI)나 당뇨 여부, 쌍둥이 임신 등에 따라 적정 체중 증가량이 달라질 수
있다는 점 감안하세요. 다이어트를 하라는 건 결코 아닙니다. 임신부에게 체중 증가는 당연한 거니까요.
단, 이번 주에 체중이 좀 많이 늘었다면 다음 주에는 조금 신경 쓰는 등 체중 관리를 하는 습관이 중요해요.
무조건 많이 먹기보단 열량과 영양소를 생각해 잘 먹는 것이 꼭 필요하지요.
혹, 편식이 있다고 해도 임신 기간만큼은 다양한 영양소를 섭취하는 올바른 식습관을 가져보세요.
좋은 식습관과 적절한 운동은 정상적인 체중 증가를 가능하게 한답니다.

한 눈에 확인하는 임신 기간별 적정 체중 증가 그래프

앞서 설명한 내용을 손쉽게 확인할 수 있도록 그래프로 정리했어요.
매주 체중을 체크해 권장 체중 증가량 범위 안에 있는지 비교하면서 관리하세요.

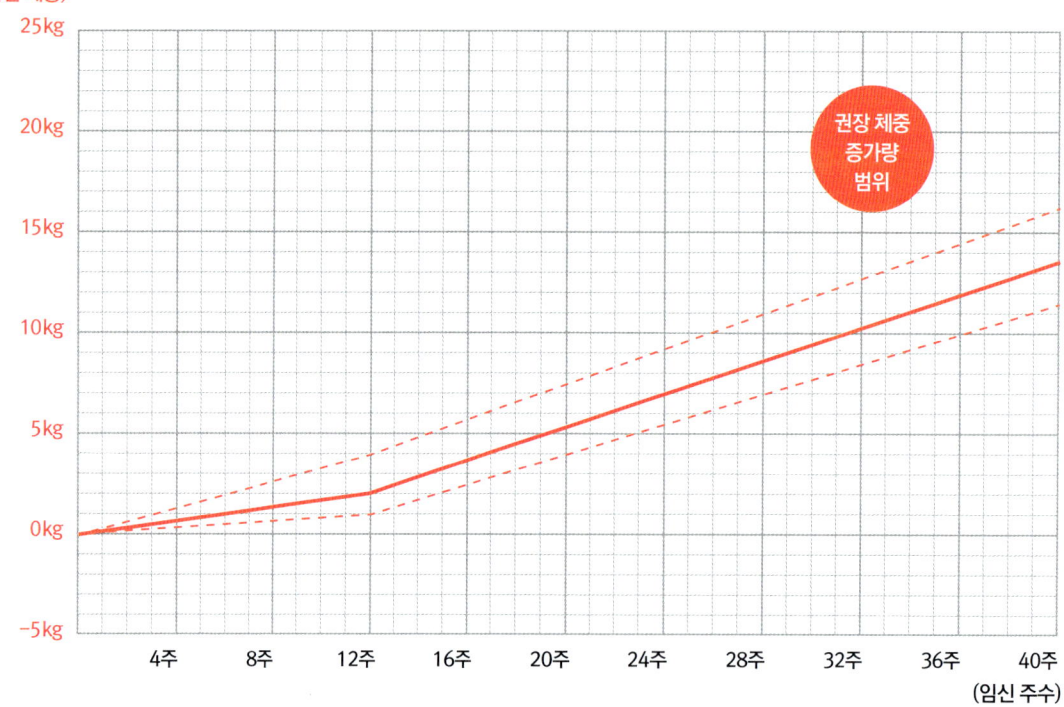

체중 기록표

임신주수	1주	2주	3주	4주	5주	6주	7주	8주	9주	10주
체중(kg)										

11주	12주	13주	14주	15주	16주	17주	18주	19주	20주

21주	22주	23주	24주	25주	26주	27주	28주	29주	30주

31주	32주	33주	34주	35주	36주	37주	38주	39주	40주

속이 메슥거려요 임신 초기

임신 3개월까지 (1~11주)

초기	아기의 발달	엄마의 변화
1~3개월 **(1~11주)**	뇌세포, 근육조직, 내장이 거의 완성돼요. 얼굴 윤곽도 확실해진답니다.	아침 공복 시 입덧이 특히 심해지는 시기입니다. 황체호르몬(여성호르몬의 일종)의 증가로 장운동이 감소하여 변비가 생기기 쉬우므로 **식이섬유**가 풍부한 음식을 많이 먹는 것이 좋아요.

for baby
초기에는 태아의 뇌세포가 폭발적으로 늘어나고 DNA가 합성되는 시기이므로 입덧이 심해도 엽산, 단백질 섭취에 신경을 쓰세요. 근육조직과 골격 형성을 위해 충분한 칼슘과 비타민D 섭취도 중요하지요.

for mom
임신부의 70~80%가 경험하는 입덧이 시작되는 초기. 대개 식욕이 없어지면서 속이 메슥거리고 구토를 합니다. 하루 세 번의 식사에 구애받지 말고 조금씩 여러 번 먹고 수분 섭취에 더욱 신경 쓰세요.

★**이런 재료를 추천해요** ── 강낭콩, 깻잎, 매실, 부추, 브로콜리, 쑥갓, 시금치, 아보카도, 바나나, 키위, 달걀, 우유, 메추리알, 돼지고기, 쇠고기, 건새우, 김, 멸치, 미역

★**이런 트러블이 생길 수 있어요** ── 입덧, 현기증, 피로감, 두통

★**이때 받아야 하는 검사는요** ── 자궁 경부암 검사, 질세균 검사, 초음파 검사, 혈액 검사, 소변 검사

★**이런 영양제가 필요해요** ── 엽산제

식욕이 증가해요 임신 중기

임신 4~7개월 (12~27주)

중기	아기의 발달	엄마의 변화
4개월 (12~15주)	뼈조직이 형성되기 시작해요. 순환기 계통 기관이 발달하고 태반이 완성돼요.	입덧이 점차 가라앉습니다. 아기의 성장에 가속이 붙는 시기이므로 양질의 **단백질**과 **철분**을 섭취하고 양보다 질을 생각하여 균형 잡힌 식사를 합니다.
5개월 (16~19주)	신경세포 발달로 팔다리가 활발히 움직여요. 망막이 발달해 빛의 자극에 반응해요.	식욕이 늘기 시작하는 시기. **단백질**은 풍부하게, 칼로리는 너무 높지 않게 먹어요. 많은 양의 철분이 필요한 때이니 빈혈 예방을 위해 **철분**을 충분히 섭취합니다. **칼슘**은 뼈와 치아를 구성하고 근육과 심장 수축에 작용합니다. 태아의 골격 형성을 위해 칼슘이 많이 함유된 우유, 유제품과 녹황색 채소를 넉넉히 먹어요.
6개월 (20~23주)	뼈대가 갖춰집니다. 머리카락이 짙어지고, 눈썹과 속눈썹이 자라요.	점점 커지는 자궁이 장을 압박해 변비가 생깁니다. **섬유질**을 많이 섭취하고 염분 제한과 식이 조절로 임신 부종 예방에 힘씁니다.
7개월 (24~27주)	폐가 발달해 호흡 연습을 시작해요. 치아의 싹인 치배가 만들어지고, 청각이 발달해 목소리를 들을 수 있어요.	변비가 더욱 심해지고 임신 빈혈이 이어질 수 있기 때문에 **철분**과 **단백질**이 풍부한 음식을 균형 있게 섭취합니다. 조산 및 임신중독증 위험이 있으니 염분을 줄인 식단을 준비하세요.
	for baby 중기는 태아의 골격이 형성되기 시작하는 시기이므로 뼈와 피를 만드는 **칼슘과 철분**, 살을 만드는 **단백질**을 충분히 섭취합니다.	**for mom** 중기에는 입덧이 가라앉으면서 식욕이 급격히 증가하기 때문에 과식은 절대 금물. 체중 증가와 호르몬의 변화 그리고 철분제 섭취로 변비 증상이 심해질 수 있으니 **섬유질**이 많은 샐러리, 양상추, 해조류 등을 충분히 섭취합니다.

＊ **이런 재료를 추천해요** ──── 들깨, 무말랭이, 미나리, 버섯, 시금치, 양배추, 케일, 우유, 두부, 쇠고기, 굴, 고등어,
건새우, 김, 대구, 멸치, 바지락, 해조류, 홍합

＊ **이런 트러블이 생길 수 있어요** ── 변비, 임신성 당뇨

＊ **이때 받아야 하는 검사는요** ──── 11~14주 1차 산전 유전 검사 / 15~20주 2차 산전 유전 검사
16~20주 양수 검사(필요시) / 24~28주 임신성 당뇨 검사

＊ **이런 영양제가 필요해요** ──── **4개월부터** 임신부용 종합영양제 / **5개월부터** 철분제 / **6개월부터** 칼슘(필요시)

소화가 안 되고 부종이 심해져요 임신 후기

임신 8~10개월 (28~40주)

후기	아기의 발달	엄마의 변화
8개월 (28~31주)	골격, 감각기관이 거의 완성돼요. 피하지방이 늘어나 피부주름이 펴지고, 횡격막으로 호흡 연습을 합니다.	태아의 골격과 근육을 더욱 단단하게 다져주는 영양소에 신경을 쓰세요. 녹황색 채소나 곡물빵에 많은 **망간(Mn)**은 골격 구조를 만들고 유지하는 데에, 현미나 모시조개, 닭고기 등에 많은 **크롬(Cr)**은 성장을 촉진하는 데 필요합니다.
9개월 (32~35주)	감각체계가 갖춰집니다. 다양한 표정을 구사할 수 있고, 몸을 돌려 머리를 아래로 향하게도 하지요.	출산일이 다가올수록 부종이 심해집니다. 염분 섭취를 제한하세요. 자궁이 커지면서 가슴이 답답해지고 식사량이 줄어듭니다. 소화가 쉬운 음식을 규칙적으로 자주 먹는 것이 좋아요. 출산을 준비하며 모유 수유에 대한 대비도 시작하는 때입니다. 모유가 잘 나올 수 있도록 **비타민K**가 함유된 녹황색 채소, 살코기를 많이 섭취하세요.
10개월 (36~40주)	내장이나 신경은 이미 완성된 상태예요. 배냇털이 빠지고 피부가 부드러워져요. 모체로부터 항체를 받아 면역력을 갖게 돼요.	**비타민A**는 태아의 면역력을 키우는 데 도움이 됩니다. 출산을 앞둔 태아의 발육과 성장을 위해 토마토, 달걀, 김, 늙은 호박 등을 충분히 섭취합니다.

for baby
후기에는 태아의 뇌가 커지고 뇌세포의 수도 증가하기 때문에 두뇌 발달을 위해 오메가3 지방산이 풍부한 생선을 주 2회 정도 섭취합니다.

for mom
후기에는 자궁이 많이 커져 소화불량이 생기기 쉽고 식욕도 떨어져요. 조금씩 자주 먹고 두부와 같이 소화가 잘 되는 가벼운 음식을 추천해요. 출산 시 많은 양의 출혈로 빈혈이 올 수 있으니 철분은 계속 섭취하세요. 아연(Zn)이 부족하면 산후 우울증이 발생하기 쉬우므로 붉은 살코기, 통곡물, 견과류도 잊지 말고 챙겨 먹습니다.

★ **이런 재료를 추천해요** ── 고구마, 버섯, 부추, 브로콜리, 시금치, 옥수수, 케일, 콩, 토마토, 달걀, 우유, 닭고기, 고등어, 김, 삼치, 조개류, 해조류

★ **이런 트러블이 생길 수 있어요** ── 소화불량, 임신중독증, 부종

★ **이때 받아야 하는 검사는요** ── 32주 태동 검사 / 36주 분만 전 검사

★ **이런 영양제가 필요해요** ── 철분제, 오메가3, 칼슘(필요시)

임신부가 꼭 챙겨 먹어야 할 대표 영양소 4가지

엽산, 철분, 칼슘, 오메가3가 풍부한 식재료 알기

> 임신부의 영양을 이야기할 때 자주 등장하는 영양소들이 있어요.
> 그만큼 임신 기간 내내 중요한 영양소라는 것이지요.
> 영양학을 전공한 저 조차도 매일 이러한 영양소가 어디에
> 들어있는지, 얼마나 먹어야 하는지 따져 가며 챙기긴 쉽지 않았답니다.
> 한눈에 쏙 이해될 수 있도록 표로 만들어 알려드릴 테니
> 자주 펼쳐 보며 챙기세요.

1 ＿ 엽산

왜 중요한까요? 임신에 있어 가장 중요한 영양소입니다.
세포를 생성하고 DNA를 만드는 영양소로, 세포 분열이 활발한
태아에게 꼭 필요하지요. 부족할 경우 선천성 태아 기형 발생
가능성이 높아지고 유산의 위험성도 커집니다.

얼마나 먹어야 할까요? 임신 3개월 전부터 임신 후 3개월까지
매일 400~1,000μg을 꾸준히 섭취하는 것이 좋습니다. 당뇨, 유산 여부
등에 따라 섭취량이 달라지므로 의사와 상담 후 결정하세요. 수용성
비타민이라 물에 잘 녹고 열에 약하기 때문에 엽산이 풍부한 식재료는
가급적 생으로 섭취하세요. 식품뿐 아니라 영양제 섭취도 권장합니다.

이 재료에 엽산이 많아요! 신선한 생과일(딸기, 오렌지, 키위),
푸른 잎채소(시금치, 부추, 깻잎, 고춧잎, 쑥갓), 브로콜리,
파프리카, 토마토, 총각김치, 강낭콩, 달걀, 메추리알, 견과류

레시피에서
입덧완화 아이콘을
확인하세요!

재료별 엽산 함량

재료명	눈 대중량 / 무게	엽산 함량 (μgDFE)
강낭콩	1컵 / 150g	323.2
파프리카	1개 / 200g	212.0
브로콜리	1개 / 300g	189.0
고구마	1개 / 200g	167.4
오렌지	1개 / 300g	152.4
시금치	1줌 / 50g	146.8
쑥갓	1줌 / 50g	135.5
총각김치	1컵 / 150g	88.4
토마토	1개 / 150g	77.9
달걀	1개 / 55g	68.4
부추	1줌 / 50g	47.7
키위	1개 / 90g	44.5
말린 고춧잎	1줌 / 40g	34.8
견과류	1컵 / 100g	34.1
딸기	1개 / 20g	25.5
메추리알	1개 / 10g	23.1
깻잎	1장 / 2g	3.2

한국영양학회가 개발한 영양분석 프로그램 CAN 기준

이렇게 섭취하세요

1 일상생활에서 엽산 섭취를 늘립니다
일반 밥을 강낭콩밥으로
대체하고, 매 끼니 채소 반찬
두세 가지를 넣으세요.
간식으로는 삶은 메추리알과
신선한 과일을 추천해요.

2 생으로 먹어요
엽산은 가열할수록 더 많이
손실됩니다. 엽산이 풍부한
채소와 과일은 가급적 생으로
먹고 조리 시 살짝 데치거나
볶는 등 조리시간을
최소화하는 것이 좋아요.

3 비타민C를 함께 먹어요
비타민C는 엽산의 산화를
막고 흡수율을 높입니다.
엽산과 비타민C가 모두 풍부한
채소, 과일 등을 많이 먹으면 좋고,
육류나 삶은 달걀 등으로
엽산을 섭취할 경우에는
비타민C가 풍부한 식품을 함께
먹으면 도움이 됩니다.

레시피에서 **빈혈예방** 아이콘을 확인하세요!

2_ 철분

왜 중요할까요? 임신부뿐 아니라 태아의 혈액을 생성하고 출산 시 과다 출혈을 막아줄 매우 중요한 영양소입니다. 태아는 출생 후 처음 몇 개월 동안 지속적으로 신체에 철을 저장해요. 엄마 또한 철이 부족하면 빈혈과 피로감이 쉽게 나타나요. 즉, 아기의 성장으로 철의 요구량이 늘고, 혈액량이 급속히 증가하는 임신 기간 내내 철분은 정말 많이 필요하답니다.

얼마나 먹어야 할까요? 임신 기간에는 하루 24mg 이상의 철이 필요해요. 균형 잡힌 식사를 한다고 해도 섭취 가능한 철분은 15mg 정도이므로 부족한 양은 철분제로 보충하세요. 식물성 식품보다는 동물성 식품에 들어 있는 철분이 더 잘 흡수되고, 비타민C를 함께 섭취하면 흡수를 도울 수 있습니다.

이 재료에 철분이 많아요! 붉은 살코기, 닭고기 등 가금류, 쇠간, 달걀 노른자, 새우, 생선, 굴, 녹황색 채소류(깻잎, 시금치), 브로콜리, 아몬드

이렇게 섭취하세요

1 중기부터 수유기까지 쭉 챙겨요
임신 중에는 혈액량이 45% 증가해요. 하지만 혈장 증가량에 비해 적혈구 증가량이 적어 혈액이 희석되고 빈혈 위험이 높아져요. 철분 섭취가 특히 중요하므로 끼니마다 고기, 생선 등의 동물성 식품과 녹색 채소 등의 반찬을 1~2가지씩 섭취하세요.

2 비타민C, 동물성 단백질과 함께 먹어요
비타민C는 철분의 흡수력을 30%나 높여줘요. 쇠고기, 돼지고기, 닭고기, 어패류와 같은 동물성 단백질도 철분의 흡수를 도와준답니다.

3 탄닌, 식품첨가제는 피해요
홍차, 녹차, 커피, 콜라 속 탄닌은 철분과 결합해 흡수율을 떨어뜨려요. 식품첨가제도 철분 흡수를 방해하니 가공식품은 가급적 줄이세요.

재료별 철분 함량

재료명	눈 대중량 / 무게	철분 함량(mg)
바지락살	⅔컵 / 100g	13.3
굴비	1마리 / 80g	11.5
쇠간	100g	8.0
굴	1컵 / 200g	7.4
고등어	1마리 / 300g	4.8
쇠고기	100g	4.7
브로콜리	1개 / 300g	4.5
두부(큰 팩)	1모 / 300g	4.5
잔멸치	1컵 / 60g	3.3
당근	1개 / 200g	1.4
시금치	1줌 / 50g	1.3
감자	1개 / 200g	1.2
닭고기	100g	1.1
아몬드	1큰술 / 20g	0.9
달걀 노른자	1개분 / 17g	0.9
돼지고기	100g	0.8
통깨	1큰술 / 4.5g	0.5
새우(대하)	1마리 / 30g	0.4
표고버섯	1개 / 25g	0.3
구운 김(김밥김)	1장 / 2g	0.2

한국영양학회가 개발한 영양분석 프로그램 CAN 기준

3__ 칼슘

왜 중요한까요? 데이의 뼈, 치아의 형성에 숭요한 영양소입니다.
임신 중에는 엄마의 뼈에 있는 칼슘 성분이 태아에게 전달돼요.
임신부가 충분한 양의 칼슘을 섭취해야 아기의 골밀도가 높아지고
출산 후 엄마가 골다공증에 걸릴 위험도 줄어듭니다.

얼마나 먹어야 할까요? 임신 시 호르몬 등의 영향으로 자연스럽게
칼슘 흡수율이 높아지기 때문에, 칼슘 권장량은 임신 전과 동일하게
700mg입니다. 아래 재료별 칼슘 함량을 고려해 부족하지 않도록
신경쓰세요. 특히 임신 후기에는 충분히 섭취하지 않으면 엄마가 가지고
있는 칼슘을 아기에게 빼앗겨 엄마의 건강에 악영향을 미칠 수 있습니다.

이 재료에 칼슘이 많아요! 우유, 요구르트, 치즈, 뼈째 먹는 생선(건새우,
멸치, 뱅어포), 굴, 재첩, 시금치, 브로콜리, 병아리콩, 오렌지

레시피에서 **고칼슘** 아이콘을 확인하세요!

재료별 칼슘 함량

재료명	눈 대중량 / 무게 또는 부피	칼슘 함량(mg)
두절 건새우	1컵 / 30g	630.0
잔멸치	1컵 / 60g	541.2
두부(큰 팩)	1모 / 300g	378.0
병아리콩	1컵 / 160g	244.8
우유	1컵 / 200㎖	210.0
뱅어포	1장 / 20g	196.4
브로콜리	1개 / 300g	192.0
재첩	½컵 / 100g	181.0
굴	1컵 / 200g	168.0
물미역	1컵 / 100g	153.0
떠먹는 플레인 요구르트	1통 / 85g	141.1
오렌지	1개 / 300g	99.0
슬라이스 치즈	1장 / 20g	86.8
고등어	1마리 / 300g	78.0
달걀	1개 / 55g	23.7
쇠고기	100g	23.0
시금치	1줌 / 50g	20.0
귤	1개 / 70g	9.1

한국영양학회가 개발한 영양 분석 프로그램 CAN 기준

이렇게 섭취하세요

1 우유 섭취가 최고예요

멸치나 뱅어포 등 뼈째 먹는
생선에도 칼슘이 많이 들어
있지만, 한 번에 많이 먹을 수
없기 때문에 우유 및 유제품을
통해 보충하는 것이 좋아요.
우유 속 유당은 칼슘과 결합해
소화를 잘 되게 하므로
더욱 효율적이지요.
우유를 잘 소화시키지 못한다면
요구르트나 치즈 등의
유제품을 추천합니다.

2 충분한 비타민D가 필요해요

비타민D가 부족하면 칼슘이
잘 흡수되지 않아요. 비타민D
합성에 가장 좋은 방법은
햇볕 쬐기예요. 하루 15분 정도만
쬐어도 충분한 양의 비타민D가
체내에서 합성됩니다.
비타민D가 풍부한 식품으로는
생선 기름(간유), 햇볕에 말린
버섯, 달걀 등이 있어요.

**3 녹색 채소의 칼슘 흡수는
수산 성분이 방해해요**

고춧잎이나 달래 등의
녹색 채소에도 칼슘이 많지만,
칼슘 흡수를 방해하는 수산도
많아 흡수율이 떨어질 수 있어요.

4__ 오메가3

왜 중요할까요? DHA, EPA라 불리는 오메가3는 태아의 두뇌를 형성하는 주요 성분으로 두뇌뿐 아니라 시력 발달에도 필수적이랍니다. 체내에서 충분히 합성되지 않아 외부로부터 섭취가 필요한 영양소로 임신 중기부터 수유기까지 계속 먹는 것이 좋아요.

얼마나 먹어야 할까요? 의학적으로 정해진 권장량은 없지만, 대략 DHA 300mg을 매일 먹는 것을 추천해요. 등푸른 생선뿐 아니라 식물성 오메가3가 풍부한 아마씨유, 들기름 등을 하루 1작은술씩 먹는 것도 괜찮은 방법입니다.

이 재료에 오메가3가 많아요! 연어, 꽁치, 잔멸치, 고등어, 호두, 들기름, 아마시드

이렇게 섭취하세요

1 등푸른 생선도 적절히 먹어요

중금속, 환경호르몬 등의 이유로 어류 속 오메가3는 늘 논란의 대상이지만, 중기부터 일주일에 2회 정도 등푸른 생선을 한 토막(50~60g)씩 먹는 것이 좋습니다.

2 식물성 기름으로 조리해요

들기름, 아마시드, 호두에는 오메가3가 풍부해요. 들기름 1~2작은술이면 오메가3의 하루 추천량을 충족시킬 수 있지요. 아마시드는 통깨 대신 토핑으로 써도 되고, 가루로 만들어 무침에 활용해도 좋아요. 반면 오메가6가 많고 정제된 식물성 기름인 옥수수기름, 콩기름의 섭취는 줄이세요.

3 산패에 주의합니다

오메가3는 쉽게 산패되어 인체 내 활성산소를 증가시킬 수 있어요. 또한 가열하면 산화되므로 볶음 요리를 할 때는 발연점이 높은 포도씨유, 아보카도유 등을 쓰세요.

재료별 오메가3 함량

재료명	눈 대중량 / 무게	오메가3 함량 (g)
호두	1컵 / 110g	8.6
들기름	1큰술 / 10g	7.0
방어	1토막 / 60g	1.2
임연수	1토막 / 60g	1.1
유채씨유	1큰술 / 10g	1.1
고등어	1토막 / 60g	1.0
꽁치	1토막 / 60g	0.9
잔멸치	1컵 / 60g	0.7
아마시드	1큰술 / 10g	0.6
연어	1토막 / 60g	0.5
통조림 참치	1캔 / 100g	0.4

농촌진흥청 자료 기준 / 단, 아마시드는 미국식품의약안전청(FDA) 기준

66 임신부에게 특히 중요한 영양소인 엽산, 철분, 칼슘, 오메가3는
평소보다 넉넉하게 챙겨 드세요. 단, 영양소의 흡수를
방해하는 요소들이 있으니 효과적인 섭취법을 꼭 알아두세요.

영양제, 바로 알고 먹기

시기별로 먹으면 도움이 되는 영양제 정보

두 아이를 계획 임신하면서 가장 먼저 챙긴 것이 남편과 저의 엽산제였습니다. 평소에는 비타민제도
잘 먹지 않았지만 임신 기간에는 시기별로 필요한 영양제를 열심히 챙겼지요. 물론 잘 짜여진 식단을
매 끼니마다 먹는다면 이런 보조제는 필요하지 않지만 임신 기간에는 삼시 세끼 잘 챙겨 먹어도
부족할 수 있는 영양소들이 있답니다.

시기별 챙겨 먹어야 할 영양제(수치는 영양소의 하루 섭취 권장량 또는 추천량)

		엽산제	철분제	오메가3 / 칼슘	비타민D, 유산균
초기	~12주	620㎍			
중기	16주		24mg		
	20~24주			300mg / 700mg	
후기	28~40주				

★ 임신 기간에 따라 늘어나는 필요 열량과 영양소의 양은 12쪽을 참고하세요.

챙겨 먹기를 권하는 대표적인 영양제는 엽산제와 철분제, 오메가3입니다. 필요시 비타민D, 칼슘,
유산균도 복용하면 도움이 된답니다. 임신부용 종합 비타민제의 경우, 안전한 천연 비타민제를
선택하세요. 임신 전 복용했던 일반 영양제가 있었다면, 임신부용 종합 비타민제로 바꾸는 것이
좋습니다. 한 가지 주의할 것은 비타민A인데요, 비타민A는 과량 복용 시 기형의 우려가 있으니
함량을 잘 따져봐야 합니다. 참고로 비타민A의 하루 상한 섭취량은 3000ugRE 입니다.

임신을 계획한다면, 엽산제

천연 식품으로 섭취하는 것이 가장 좋지만 체내 이용률이 낮으므로 임신 3개월 전부터 복용하기 시작해
임신 초기 3개월까지는 반드시 복용하세요. 엽산 단일 제제나 엽산이 포함된 종합 비타민제를 고르고,
엽산이 400㎍ 이상 포함되어 있는지 반드시 확인합니다. 태아가 평균보다 체격이 크거나,
쌍둥이일 경우에는 병원에서 엽산을 조금 더 섭취하라고 권하기도 하니, 담당 의사 선생님과 상의하세요.
보건소에 신분증과 산모 수첩을 가져가 등록을 하면 임신일로부터 임신 3개월까지
엽산제를 무료로 지원받을 수 있으니 있답니다.

임신 중 가장 중요해요! 철분제

혈액량이 증가하는 중기부터 먹기 시작합니다. 철분제는 과잉 섭취 시
다른 무기질의 흡수를 방해하거나 변비, 설사 등 부작용을 일으킬 수
있으므로 적정량이 함유되어 있는지 꼭 확인하세요. 변비나 위장 장애가
심하면 저용량 철분제를 섭취하세요.

똑똑한 아이를 위해 챙기세요, 오메가3

영양제에는 불포화지방산(DHA/EPA)과 콜레스테롤, 포화지방산 등이
함께 들어있기 때문에 총 함량보다는 DHA/EPA 값이 높은 제품을 선택하세요.
참고로 동물성 오메가3는 등푸른 생선(참치, 연어, 고등어, 꽁치, 청어)에서,
식물성 오메가3는 식물성기름(아마씨유, 호두) 등에서 채취한 것입니다.

의외로 부족하기 쉬운 비타민D, 칼슘제

비타민D는 햇볕을 쬐면 자연 합성되지만 한국 여성의 90%가 부족 현상을
보일 만큼 소홀하게 생각해요. 비타민D는 칼슘이 뼈에 흡수되는 것을
도와주는데, 부족할 경우 아기의 뼈 형성, 근골격 발달에 부정적인 영향을
주기 때문에 혈중 농도를 확인하고 필요한 만큼 보충제로 채우세요.
비타민D가 풍부한 생선, 달걀, 버터, 간 등도 충분히 섭취하세요.
칼슘제는 균형 잡힌 식사를 하고 있다면 굳이 따로 복용할 필요는 없어요.
하지만 혈중 칼슘 농도가 낮다면 엄마 뼈에 저장된 칼슘을 아기에게 빼앗겨
임신부의 골밀도가 급격히 감소할 수 있으니 전문가와 상의 후 보충하세요.

면역력과 장내 환경에 도움을 주는 유산균

임신 중에는 갑작스러운 호르몬 변화와 스트레스로 장운동이 저하되기
쉬워요. 중기부터 철분제를 복용하면서 변비가 나타나기도 하지요.
유산균은 배변 활동을 원활하게 만들어 줄 뿐 아니라 유익균을 증식시켜
태아의 면역력 형성에도 도움을 준다는 보고가 있어요.
유산균은 치즈, 요구르트, 김치, 낫토, 청국장 등의 발효식품에 풍부해요.
이들을 먹을 때는 유산균의 먹이가 되는 식이섬유가 풍부한 샐러리, 고구마,
미역, 다시마 등을 함께 먹으면 더욱 좋답니다. 식품으로 많은 섭취가 힘들면
유산균 제품을 활용하는 것도 좋습니다.

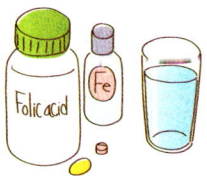

철분제, 이렇게 섭취하세요

1 **자기 전, 공복에 섭취해요**
섬유질, 칼슘이 철분 흡수를
방해하기 때문에
식전이나 자기 전 등
공복에 먹는 것이 좋아요.

2 **과일주스와 함께 먹어요**
비타민C가 철분 흡수를
돕기 때문에 과일주스와
함께 먹으면 좋아요.

3 **카페인 섭취는 2시간 전후로**
커피, 녹차에 들어 있는 카페인은
철분 흡수를 방해하므로
철분제 복용 전후로
2시간 정도는 마시지 마세요.

철분제 때문인가?
변비, 설사, 메스꺼움 등이
있다면?

체크1 하루 권장량(24mg)보다
많이 먹은 건 아닌지 확인하세요.
점검 후 양을 줄여 권장량의
1/2분량만 먹은 후 서서히 늘리세요.

체크2 철분제를 줄이고 붉은 살코기,
콩, 해산물 등 식품을 통해
철분을 섭취합니다.

체크3 물약 또는 서방정(서서히
녹는 철분제)으로 된 철분제를
먹으면 변비가 덜 생겨요. 또한
물, 섬유질, 운동 등 변비를
예방하는 방법도 실천하세요.

임신부의 식재료,
어떻게 골라야 할까?

식품별 고르는 방법과 매끼 식단을 구성하는 요령

태교음식과 임신 시기별 식생활, 중요 영양소 등에 대해 충분히 이해하셨나요?
이제부터는 식재료를 어떻게 골라야 하는지, 밥상은 어떻게 구성해야 하는지 구체적으로 알려드릴게요.
임신부를 위한 지침이지만, 가족 모두를 위한 건강한 장보기 습관과 식단 짜는 방법이기도 하니
출산 후에도 실천할 것을 권합니다.

곡류 탄수화물은 뇌와 몸에 에너지를 공급하는 주 에너지원. 하지만 과잉 섭취할 경우 임신부뿐 아니라
태아도 비만이 될 수 있기 때문에 흰쌀밥, 흰 밀가루, 흰 설탕과 같은 정제된 식품 대신 섬유질과
무기질이 풍부한 통곡물을 섭취하세요. 각종 콩류, 채소 등을 밥을 지을 때 섞거나 밥 대신 같은 양의
감자, 고구마, 옥수수 등을 먹어도 돼요.
예비맘의 선택 통곡물이 좋다고 100% 현미밥을 먹으면 소화가 더딜 수 있어요. 처음에는 현미와
백미를 1:4 혹은 1:3 비율로 섞어 짓다가 점차 현미의 양을 늘리세요. 단백질과 무기질이 풍부한
햄프시드, 아마시드, 퀴노아 등과 같은 슈퍼곡물을 더하면 영양 밸런스를 맞추기 좋아서
저는 밥을 할 때 2~3큰술씩 함께 넣었어요. ★ 슈퍼곡물 활용법 30쪽 참고

고기, 해산물, 달걀, 콩류 단백질은 태아의 세포와 태반을 만드는 데 쓰이므로 성장 발달에
매우 중요합니다. 매끼 고기나 생선, 달걀, 두부와 같은 단백질 식품을 큰 주먹 크기만큼 먹도록 하세요.
예비맘의 선택 이미 다져 놓은 고기는 지방이 많고 부위를 확인하기 어려워요. 저는 정육점에 가서
기름기가 적고 담백한 안심 부위를 골라 직접 다져 달라고 했어요. 다진 고기는 주먹 크기로 소분해
냉동하면 요리할 때 쉽고 빠르게 사용할 수 있어요. 이유식용 다짐육은 유기농이나 품질 좋은 살코기
부분을 다져 소량씩 포장한 것이라 추천합니다.

채소류 섬유질이 풍부하고 다양한 비타민과 철분, 칼슘, 칼륨과 같은 무기질을 함유한 채소는
끼니마다 2종류 이상 섭취하세요. 체중 조절 및 변비 해소, 피부 건강에도 도움을 받을 수 있습니다.
미역, 다시마나 김 등의 해조류도 자주 먹는 것이 좋아요.
예비맘의 선택 먹을 때마다 채소를 손질하는 게 번거로울 수 있어요. 주말에 푸른 잎채소, 양배추,
파프리카, 방울토마토 등을 한꺼번에 손질해 하루 먹을 양씩 담아두거나, 개별 포장된 샐러드용
세척 채소를 준비해 놓는 것도 유용한 방법이에요.

과일류 비타민, 무기질, 식이섬유를 함유하고 있어 장운동을 증가시켜요. 게다가 다양한 색상의
과일 속 피토케미컬(phyto-chemical) 성분은 항산화 효과가 뛰어납니다. 비타민의 보고인 과일은
면역력을 높이고 엽산과 철분의 체내 흡수를 도와 꼭 챙겨 먹으면 좋지요. 다만 당분이 많아
과량 섭취 시 체중이 증가할 수 있으므로 하루에 2~3회, 적은 양을 골고루 먹는 것이 좋습니다.
비교적 당도가 높은 과일은 바나나, 포도, 수박이고, 당도가 낮은 과일은 사과, 키위, 오렌지입니다.

예비맘의 선택

1___ **시기별로 골라 먹어요** 임신 초기에는 엽산이 풍부한 키위, 오렌지, 딸기, 참외 등을 자주 먹습니다.
　　　중기에는 변비가 생기기 쉬우니 사과, 바나나와 같이 섬유질이 많은 과일을 섭취하세요. 후기에는
　　　체중 유지를 위해 열량이 적고 영양소가 풍부한 키위, 사과가 좋습니다.

2___ **당 수치가 높거나 임신성 당뇨에 걸렸다면 특히 조심하세요** 사과나 키위처럼 당도는 낮되
　　　칼륨이 많아서 인슐린 분비를 돕는 과일 위주로 조금씩 섭취하세요.

3___ **임신 중 피해야 할 과일도 있어요** 탄닌이 많은 감은 철분 흡수를 방해하기 때문에
　　　적당량 먹는 것이 좋아요. 임신부에게 좋은 바나나, 오렌지와 같은 수입 과일은 신경 써서
　　　세척하고 잔류 농약이 있을 수 있는 꼭지 부분은 제거하세요.

우유 및 유제품 칼슘, 단백질, 비타민D 등 필수영양소가 많이 함유되어 있어 특히 태아의 뼈와 치아를
만들고 튼튼하게 해주니 충분히 섭취하세요. 매일 우유 한 컵이나 유제품을 1~2회 먹으면
굳이 칼슘제를 따로 챙겨 먹지 않아도 됩니다. 포화지방 함량이 일반 우유의 절반인 저지방 우유나
무지방 우유를 먹는 것이 좋아요.

예비맘의 선택　엄마가 우유 알레르기가 있을 경우에는 두유, 아몬드밀크 등으로 대체하는 것도
좋은 방법이랍니다. 저는 약간의 소금과 올리고당, 햄프시드나 견과류, 물과 함께 갈아 마셨는데
고소한 맛이 나서 우유 대용품으로 참 좋았어요.

유지 및 견과류 에너지를 내게 돕고 체온을 유지시켜줍니다. 육류나 유제품에 많은 포화지방은
지방세포에 저장돼 체중을 증가시키고, 과량 섭취 시 태아의 혈관에도 축적될 수 있으니 섭취를
조금 줄이세요. 올리브유, 해바라기씨유, 견과류와 같은 식물성 기름은 먹어도 좋아요.
특히 태아의 두뇌 발달과 조산을 방지하는 오메가3가 풍부한 참치, 연어, 고등어, 들기름,
아마시드 등은 충분히 섭취하세요.

예비맘의 선택　견과류는 매일 한 주먹씩 꼭 먹어요. 너무 가격이 저렴하거나 대량으로 포장된 제품은
묵은 냄새가 나고 신선하지 않을 수 있으니 가급적 신선한 견과류를 소량씩 자주 구입하세요.

수분 체온을 조절하고 영양소를 운반하며 몸속 노폐물을 배출하는 역할도 하지요. 임신을 하면 혈액량이
증가하고 체온이 상승해 탈수 증상이 생기기 쉽기 때문에 하루에 1.5~2ℓ는 꼭 마시도록 노력하세요.
생수를 많이 먹기 힘들다면 다른 음료(임신부의 음료와 차 184쪽 참고)를 마셔도 좋습니다.

식사와 간식은 이렇게 구성하세요!

오늘 하루 식사를 생각해 식단을 구성하세요. 이때, 아래 표의 6가지 식품군을 골고루 넣되, 임신 시기별 하루 권장 횟수와 분량도 함께 참고하세요.

간식으로 과일 2~3회, 우유 및 유제품 1~3회, 견과류 한 줌을 챙기세요.
※ 1회 분량은 아래 표 참고

매끼 식사에서 채소 반찬 2~3가지는 손바닥 크기로 준비해요.

매끼 식사에서 단백질 반찬 (고기, 해산물, 달걀, 콩류)은 큰 주먹 크기로 준비해요.

밥(곡류)은 큰 주먹 크기로 준비해요.

국은 밥공기와 비슷한 크기로 준비해 건더기는 풍부하게, 국물을 심심하게 준비해요.

식품군 (1회 분량 칼로리)	하루 권장 횟수 ★ 하루 세 끼와 간식으로 적절히 나눠 섭취하세요				식품군별 1회 분량 ★ 같은 식품군에 속하는 재료를 자유롭게 대체하세요
	임신 초기	임신 중기	임신 후기	수유기	
곡류 (300kcal)	3회	3.2회	3.2회	3회	밥 1공기(210g), 소면 1대접(건면 90g, 삶은 면 300g) 떡국 떡 1컵(130g), 식빵 2쪽(100g) 고구마 1개(200g), 감자 2개(260g), 시리얼류 2컵(80g)
고기, 해산물, 달걀, 콩류 (100kcal)	4회	4.5회	5회	4.5회	육류 60g, 생선 1토막(생 50~60g), 달걀 1개 오징어 ½마리(80g), 조갯살 ½컵(80g), 건어물 15g 콩 2큰술(생 20g), 두부 ¼모(80g)
채소류 (15kcal)	7회	7회	8회	7회	대부분 채소 1~2줌(생 70g), 버섯 1줌(생 30g) 방울토마토 20개(30g), 배추김치 ⅓컵(40g), 오이소박이 60g 해조류 ⅓컵(미역, 톳 등 30g), 김 1장(2g)
과일류 (50kcal)	2회	3회	3회	2.5회	사과 ½개(100g), 키위 1개(100g), 오렌지 ½개(100g) 자몽 ½개(150g), 귤 1개(100g), 딸기 10개(200g) 참외 ½개(120g), 수박 1쪽(200g), 포도 약 19알(100g) 복숭아 ½개(150g), 자두 1개(80g), 오렌지주스 ½컵
우유 및 유제품류 (125kcal)	1회	3회	3회	3회	우유 1컵, 두유 1컵, 치즈 2장(40g) 떠먹는 요구르트 1개(100g), 마시는 요구르트 1개(150g)
유지 및 당류 (45kcal)	4회	4회	4회	4회	식용유 1작은술, 버터 1작은술, 마요네즈 1작은술 설탕 1큰술, 꿀 1큰술, 커피믹스 1봉(12g)

출처 : 한국인 영양섭취 기준(한국영양학회)

알아두면 유용한
슈퍼곡물 활용법

임신부에게 추천하는 대표 슈퍼곡물

항산화 성분이 풍부하고 쌀, 밀보다 단백질, 식이섬유, 미네랄이 많은 슈퍼곡물을 잘 활용하면
손쉽게 균형 잡힌 식단을 완성할 수 있어요. 그뿐인가요? 양질의 단백질 섭취를 늘리고
다양한 맛과 식감도 더해주니 식사가 더욱 즐거워져요.
대표적인 슈퍼곡물로는 렌틸콩, 귀리, 퀴노아, 병아리콩, 햄프시드, 아마시드, 치아시드 등이 있어요.
저는 밥을 지을 때 쌀 4컵에 슈퍼곡물 1/2~1컵을 추가했어요. 최근에는 다양한 슈퍼곡물을 더한
혼합 곡식도 많이 판매하니 이러한 제품을 활용해도 좋아요. 단, 슈퍼곡물이라고 해서 만능 식품은
아니에요. 탄수화물, 단백질, 지방이 고루 갖추어진 식단에 슈퍼곡물을 20~30% 정도만
추가할 것을 권합니다. 과하게 먹기 보다 다양한 방법으로 조금씩 섭취하세요.

1 __ **밥에 넣어요(렌틸콩, 귀리, 퀴노아, 병아리콩)**

렌틸콩과 퀴노아는 불릴 필요 없이 쌀과 함께 밥을 지어요. 단, 퀴노아는 쌀보다 비중이 낮아
함께 씻으면 밑에 깔려 타기 쉬우니 별도로 씻어 쌀 위에 올려 밥을 하는 것이 좋습니다.
귀리는 2시간, 병아리콩은 3시간 정도 불린 후 쌀과 섞어야 부드럽게 잘 익어요.

2 __ **샐러드, 수프, 시리얼, 요구르트, 베이킹 등에 넣어요(모든 슈퍼 곡물)**

햄프시드, 아마시드, 치아시드는 그대로 활용하세요. 특히 치아시드는 음료, 요거트 등에
넣으면 젤(gel) 상태가 되어 푸딩처럼 즐길 수 있답니다.
퀴노아는 끓는 물에 15분, 렌틸콩은 약 20분 정도(렌틸콩 종류별로 삶기 107쪽 참고) 삶아서
활용하세요. 귀리는 2시간, 병아리콩은 3시간을 불린 후 끓는 물에 넣고 부드럽게 될 때까지
익히고, 익힌 곡물은 체에 받쳐 물기를 뺀 후 요리나 베이킹에 더해도 좋아요.

3 __ **음료나 드레싱, 소스를 만들어요(모든 슈퍼 곡물)**

시드(seed, 씨앗)류는 생으로, 곡류는 익힌 후 우유, 두유, 요구르트, 물, 과일, 채소 등과 함께 갈아
음료를 만들어요. 각종 양념, 허브 등을 섞어 소스나 드레싱으로 즐겨도 좋아요.
병아리콩과 렌틸콩은 부드럽게 익혀 으깨서 매시드나 후무스를 만들 수 있어요.

4 __ **반찬에 뿌려요(햄프시드, 아마시드, 치아시드)**

각종 나물이나 멸치볶음 등의 밑반찬에 통깨처럼 솔솔 뿌려요.
단, 치아시드는 기도나 식도에 걸려 뭉칠 수 있으니 한 번에 많이 먹지 마세요(1일 최대 2큰술).

렌틸콩

귀리

퀴노아

아마시드

치아시드

햄프시드

병아리콩

바쁠 때 요긴한
임신부의 식량 창고

10개월간 주방을 든든하게 채워줄 비상 식품 10가지

10개월간 저의 주방을 늘 든든하게 채워주었던 지원군들을 소개합니다. 맛과 영양을 챙겨줄 뿐 아니라
적당히 손질되어있어 조리시간을 단축시켜줘 임신 기간 내내 아주 유용하게 활용했지요.

1 ___ **누룽지** 보관이 용이해 넉넉히 사두었다가 먹을 것이 없을 때, 출출할 때 활용했어요.
누룽지는 입덧을 막아주는 간식으로도 좋고, 죽을 끓이기에도 참 요긴해요.

2 ___ **햄프시드** 햄프시드처럼 쉽고 다양하게 활용할 수 있는 슈퍼곡물도 흔치 않다고 봐요.
떠먹는 플레인 요구르트에, 나물 반찬이나 덮밥에 뿌리면 영양이 배가되고 든든하지요.

3 ___ **샐러드용 세척 채소** 다양한 채소들이 한 팩에 포장되어 있어 샐러드를 만들거나, 덮밥에 한 움큼
올릴 때, 그린 스무디를 만들 때도 포장을 뜯어 탈탈 털어 넣기만 하면 되니 참 편리했지요.

4 ___ **건해초 믹스** 별다른 재료가 없을 때는 건해초 믹스를 물에 불려 초고추장과 쓱쓱 비비면
훌륭한 비빔밥이 되지요. 비상시를 대비해 미리 구비해 놓으면 좋은 효자 아이템이랍니다.

5 ___ **북어포** 단백질이 매우 풍부해요. 마른 식재료라서 유통기한도 걱정 없답니다.
단백질이 부족하다 싶으면 간편하게 한 줌 톡! 국에도, 한 그릇 요리에도 마음껏 활용하세요.

6 ___ **삶은 메추리알** 엽산이 풍부해 임신 초기 간식으로도, 달큼 짭조롬하게 조려
밑반찬으로도 참 괜찮은 재료예요.

7 ___ **손질 오징어, 반조리 생선** 임신 기간에 해산물을 챙겨 먹는 것이 좋다고는 하지만,
번거로운 손질과 비린내로 쉽지 않지요. 최근에는 전자레인지에 몇 분만 데워도 바로 먹을 수 있는
반조리 제품이나 손질된 해산물이 많이 나와 찬거리가 마땅치 않을 때 애용했어요.

8 ___ **김** 초기, 중기, 후기 언제든 함께하면 좋은 식재료예요. 구운 김은 덮밥을 싸 먹기도, 토핑으로
뿌려먹기도 좋죠. 가급적이면 바로 구운 신선한 김을, 조미김이라면 저염 김으로 챙기세요.

9 ___ **다진 고기, 다진 해물** 마트나 백화점, 온라인 몰의 이유식 코너에는 다진 쇠고기나 다진 새우,
문어 등을 판매해요. 냉장 제품도 있고 냉동 제품도 있지요. 일반 고기보다 가격은 조금 비싸지만,
아기용이라 품질 좋은 재료를 쓰기 때문에 임신부의 식량으로 추천해요.

10 ___ **조리 닭가슴살** 비린내 나는 닭을 손질하는 것도 임신부에게는 고역이지요. 최소한의 첨가물로
부드럽게 삶아낸 시판 닭가슴살 제품을 활용해보세요. 요리에 바로 넣을 수 있어
간편하고 기름기도 적어 닭개장부터 닭가슴살 샐러드까지 다양하게 활용할 수 있어요.

1

2

3

4

5

6

7

8

9

10

임신 기간에 주의해야 할 식품과 성분들

기호식품과 가공식품을 선택하고 먹는 요령

카페인

중추신경을 자극하는 물질로 과량 섭취 시 태반의 혈관이 수축해 산소와 영양소가 태아에게 제대로 전달되지 못할 수 있습니다. 특히 커피는 철분 흡수를 방해해 임신부와 태아의 빈혈 가능성을 높이고 불면증을 유발할 수 있어 각별히 주의해야 해요. 그리고 무심코 과잉 섭취할 수 있는 허브차도 카페인 함량을 미리 확인하세요.

알코올

임신 중기 이후라면 일주일에 한두 잔 이내로 가볍게 마시는 건 괜찮다고 하지만 가급적 금주하는 것이 좋겠죠. 무알코올 맥주의 경우, 국내 주류법상 1도 미만은 알코올 함량을 표시하지 않아도 돼서 완전한 0%가 아닐 수 있어요. 참고로 하이트제로는 알코올이 0%이지만 크라우스텔러, 에딩거프라이, 비트버거드라이브 무알코올 맥주 등은 0.05 ~ 0.4%까지 알코올을 함유하고 있답니다.

탄산음료

실제로 콜라나 사이다와 같은 탄산음료는 적당량 마시면 큰 문제가 되지 않아요. 하지만 이러한 음료에는 인공색소와 카페인, 설탕이 다량 함유되어 있어 임신성 당뇨를 일으킬 수 있고, 카페인의 영향으로 수면의 질도 떨어질 수 있어요. 탄산음료 대신 임신부를 위한 음료와 차(184쪽 참고)를 즐기세요. 또한 탄산수에 천연 과즙을 타서 나만의 음료를 만들어 먹는 것도 추천합니다.

날생선, 커다란 생선

생선은 단백질과 오메가3가 풍부해 임신부가 일주일에 2회 정도 먹을 것을 권장하고 있습니다. 하지만 환경오염으로 인해 참치, 옥돔, 상어와 같이 커다란 생선에는 중금속이 농축되어 있어 태아의 신경계 발달에 영향을 줄 가능성이 있어요. 미국에 비해 우리나라는 보다 엄격하게 임신부의 생선 섭취량을 권고하고 있으니 왼쪽 내용을 참고, 작은 생선 위주로 섭취하세요. 단, 연어는 크기가 큰 심해성 어류이지만 주 400g 이하로 먹으면 안전하다고 하니 식단에 적절히 활용하세요.

임신 중 카페인은 하루 200mg 이하로!

커피 1~2잔 정도에 해당되는 양이니 카페인 함량을 확인 후 조절하며 마시세요. 최근에는 오르조차 같은 커피 대용 차도 있답니다.

음료 당 카페인 함량

* ✱ 커피믹스 1봉(12g), 캔 커피 1캔(150㎖) 70mg
* ✱ 녹차 1잔(티백 1개) 15mg
* ✱ 콜라 1캔(250㎖) 23mg
* ✱ 초콜릿 1개(30g) 16mg
* ✱ 커피우유 1개(200㎖) 47mg
* ✱ 커피맛 빙과(150㎖) 29mg

임신부를 위한 생선 안전 섭취 요령

일반 어류(작은 생선)와 연어는 주 400g 이하로 섭취
갈치, 고등어, 삼치, 꽁치, 연어, 통조림 참치, 조기, 광어, 전어, 명태

다랑어류 및 심해성 어류 등 (큰 생선)은 주 100g 이하로 섭취
참다랑어(참치), 날개다랑어, 금눈돔, 먹장어, 다금바리, 상어 등

MSG(L-글루타민산나트륨, 향미증진제)

가공식품에 들어가는 대표적인 첨가물이에요. 유아나 임신부에게는 뇌신경에 영향을 줄 수 있기 때문에 주의가 필요해요. 아이의 뇌는 임신 후기와 생후 2년까지도 계속 발달하기 때문에 유아기까지도 MSG 노출은 가급적 피하세요. 'NO MSG', 'MSG 무첨가'라는 문구를 자주 접할 수 있는데요, 자세히 살펴보면 '향미증진제'라고 뭉뚱그려 표기되어 있거나, MSG만 첨가하지 않았을 뿐 비슷한 아미노산 계통의 조미료들을 사용하고 있으니 주의가 필요해요.

아질산나트륨(발색제/합성보존료)

햄, 소시지 등의 육가공품이 갈변하지 않고 분홍빛을 유지하는 까닭은 발색제인 '아질산나트륨' 때문이에요. 혈액 속 헤모글로빈을 파괴하므로 철분이 특히 필요한 임신부는 주의하는 것이 좋습니다. 최근에는 아질산나트륨이 없는 햄과 소시지도 있으니 꼼꼼히 확인하세요.

가공식품의 첨가물, 조금이라도 줄여보세요!

데치기 첨가물은 대체로 끓는 물에 30초 정도 살짝 데치면 많이 제거할 수 있어요. 내열용기에 물과 함께 담아 전자레인지에 1~2분간 돌려도 좋아요.

1___ **소시지** 칼집을 낸 후 끓는 물에 살짝 데쳐요.
2___ **어묵** 끓는 물에 살짝 데쳐요.
3___ **베이컨** 끓는 물에 살짝 데치거나, 볶은 후 키친타월로 기름기를 제거해요.

헹구기 착색제, 산도조절제, 산화방지제 등은 찬물에 헹구는 것만으로도 줄일 수 있어요. 통조림은 바로 먹지 말고 뚜껑을 열어 1분 정도 두면, 좋지 않은 일부 성분이 자연적으로 날아가요.

1___ **두부, 통조림 옥수수, 통조림 완두콩** 찬물에 헹구거나 담그기
2___ **단무지** 찬물에 5분 정도 담그기
3___ **맛살** 찬물에 헹구기

조리법 바꾸기 수산화나트륨, 산도조절제 등 식품첨가물이 들어간 **식빵**은 팬이나 토스터에 살짝 굽거나 전자레인지에 10초 정도 데우면 잔류 방부제를 줄일 수 있어요. **라면**과 같이 튀긴 가공면도 면을 한번 끓인 후 그 물은 버리고 새로운 물에 조리하면 더욱 좋겠죠. 채소를 많이 넣어 끓이는 것도 도움이 된답니다.

엄마와 아기를 생각해
외식 메뉴 고르기

필수 영양소를 골고루 섭취할 수 있는 외식 방법

임신 중에 자주 가던 청국장집이 있었어요. 인심 좋은 주인아주머니는 "혼자 끼니 때우기 힘들면
언제라도 부담 없이 먹고 가세요"라고도 하셨는데 가슴이 뭉클해져 눈물이 날 뻔했지요.
조미료를 쓰지 않는 심심한 청국장과 보리밥, 콩비지, 달걀말이, 정갈한 나물 반찬이 많이 나오는
이 식당에서 저도, 큰 아이도 그리고 배 속의 둘째도 참 기분 좋게 밥을 먹었던 기억이 나요.
임신을 하면 외식을 참 많이 하게 됩니다. 초기에는 입덧 때문에, 달수를 채울수록 피로감이
심해지고 배가 나와 불 앞에서 조리하기가 쉽지 않기 때문이지요. 많은 예비 엄마들이 외식을 자주 하는
것을 걱정할 정도로 임신과 외식은 떼려야 뗄 수 없는 관계이니 현명하게 먹는 습관이 필요해요.

한식당, 분식집 밥 한 공기에 고기나 해산물을 큰 주먹만큼, 채소류를 적어도 2~3가지 정도 곁들이세요.
비빔밥이나 김밥은 한 그릇에 이 모든 것이 들어있어 영양 균형을 맞추는데 부족함이 없는 추천 메뉴예요.
갈비탕이나 매운탕, 고기 요리는 단백질이 중심이 되는 메뉴라서 채소가 부족할 수 있기 때문에
생채나 나물 반찬이 충분한 식당으로 고르세요. 임신 중 특히 자주 먹는 냉면이나 메밀국수는
탄수화물 외의 영양소는 부족하므로 횟수를 일주일에 2~3번 정도로 제한해 균형을 맞추도록 합니다.

중식당 면이나 밀가루 위주의 메뉴가 많고 지나치게 기름져 가급적 피해야 할 식당 중 하나입니다.
다양한 해신물과 채소를 재료로 쓴 덮밥류나 채소가 많고 덜 기름진 양장피와 같은 요리를 선택하세요.
국물요리는 과도한 나트륨 섭취를 유발하니 건더기만 골라 먹는 것이 좋겠죠.

**다양한 영양소를
섭취할 수 있는
추천 외식 메뉴예요!**

비빔밥
김밥
쌈밥
일본식 덮밥
샤부샤부
두부요리
샌드위치
카레

패스트푸드점 영양적으로 따져봤을 때 햄버거는 나쁜 식품이 아니에요.
감자튀김과 콜라가 문제지요. 이 둘을 콘샐러드와 우유로 바꾸면
칼륨 약 30%, 엽산 약 8%를 추가로 섭취할 수 있어요. 햄버거보다 채소가
풍성한 샌드위치나 통곡물 피타를 이용한 케밥도 좋은 외식 메뉴입니다.

패밀리 레스토랑, 이탈리안 레스토랑 메인 요리만으로 부족할 수 있는
영양소는 닭가슴살, 쇠고기, 연어 등이 포함된 샐러드로 채우세요.
단, 맛이 강한 드레싱은 열량이 높고 재료 본연의 맛을 해칠 수 있으니,
가벼운 오리엔탈 드레싱, 발사믹 드레싱, 레몬 드레싱 등을 추천합니다.

입덧, 변비, 피로 싹 해소해주는 그린 스무디

신선한 잎채소와 새콤달콤한 과일, 물을 넣어 갈기만 하면 되는 건강 음료, 그린 스무디.

매일 아침을 스무디로 시작하는 것은 제겐 일상이 된 지 오래이지요. 책을 출간할 정도로 로푸드 스무디 예찬론자인 저는 임신부들에게도 이 건강 음료를 적극 추천하고 있어요. 특히 입덧이 심했던 초반에는 새콤달콤한 스무디 한 잔이 입맛을 돋우고, 엽산이 풍부한 다양한 채소와 과일 덕분에 엽산제를 챙겨 먹어야 한다는 부담감도 적었지요. 대표적인 임신 트러블인 변비, 피로를 해소하는데도 큰 도움을 주었답니다. 평소에는 아침 식사 대용으로 마셔도 되지만, 임신 기간에는 로푸드 스무디만으로 온전한 한 끼가 되기 어려워 주로 간식으로 활용했어요.

건강하고 맛있는 그린 스무디 만드는 법(약 2~3컵)

채소 1줌(50g)
시금치, 청경채, 케일 등 엽산과 철분이 풍부한 짙은 푸른 잎채소들을 활용합니다.

➕ 바나나 1개
단맛과 부드러운 식감, 착한 가격까지! 스무디 필수 재료입니다. 입덧을 완화해주고 식이섬유와 칼륨이 풍부해 장운동을 활발하게 합니다. 바나나 대신 사과(1개)를 넣어도 괜찮아요.

➕ 선호하는 과일 1개
스무디 맛을 다양하게 변화시켜줄 재료입니다. 사과 크기의 과일은 1개, 키위나 살구와 같이 작은 과일은 2~3개, 베리류나 작게 손질한 과일은 1컵 정도 넣으세요.

➕ 레몬 1/2개(취향껏)
단 과일 : 신 과일 = 4 : 1 정도로 맞추면 적당히 상큼하고 맛있는 스무디를 완성할 수 있습니다. 신 맛을 내는 레몬이 없다면 오렌지, 귤과 같은 감귤류를 활용해도 좋아요. 단, 선호하는 과일로 신 과일을 골랐다면 레몬은 생략해도 돼요.

➕ 생수 1컵(200㎖)
액체류를 넣을 때는 1/2컵씩 나눠 넣어 본인이 선호하는 농도를 맞추세요. 생수를 코코넛워터, 우유 등으로 대체하면 더욱 풍성한 맛과 영양을 낼 수 있습니다.

임신부를 괴롭히는 증상 완화를 위한
식생활 지침

가장 많이 나타나는 임신 트러블 11가지 해소법

> 초기에는 입덧으로, 입덧이 좀 나아질 참이면 변비로, 후기에는
> 퉁퉁 부은 코끼리 발 때문에 한겨울에도 샌들을 꺼내 신는 나를 보며
> 안쓰러울 때가 한두 번이 아닌 임신 열 달. 세상에 쉽게 아이를 낳는
> 엄마는 단 한 명도 없을 거예요. 예비 엄마들에게 흔히 나타나는
> 증상들을 조금이나마 해결할 수 있는 방법들을 알려드릴게요.
> 혹, 지금 많이 힘이 드나요? 숨을 크게 내쉬며 마음을 다잡아보세요.
> "조금 더 단단해지자, 나는 엄마니깐."

임신부 트러블의 원인들

* 호르몬 변화__입덧, 피부 트러블, 유방 통증

* 혈액량 증가__피로감, 코막힘, 코골이, 코피, 잇몸 질환, 고혈압

* 혈액 흐름 이상__부종, 치질, 정맥류, 근육 경련(쥐), 저혈압

* 위장관(내장) 근육 이완__역류성 식도염, 변비

* 체중 증가__허리 통증, 치골 통증

1__ 입덧

레시피에서 **입덧완화** 아이콘을 확인하세요!

첫째를 임신했을 때는 밥 냄새만 맡아도 속이 메스꺼워 취사 버튼을 눌러 놓고 방으로 달려가 문을 닫기 일쑤였어요. 화려한 밥상을 앞에 두고 화장실 변기를 부여잡기도 하고, 평소 입에도 안 대던 음식이 맛있어져 찾아다니며 먹기도 하는 입덧. 그와 반대로 먹어야 울렁거림이 덜한 '먹덧' 때문에 체중계는 근처에도 두기 싫은 경우도 있지요. 이처럼 임신부의 70~80%가 경험하는 입덧은 임신의 대표 증상이지만 정확한 원인은 밝혀지지 않았습니다. 수정란이 자궁에 착상하면 '융모'라는 조직이 '융모성선자극 호르몬(HCG)'을 분비하는데 이 호르몬이 구토중추를 자극해 입덧을 유발한다고 알려져 있지만 그 외 환경적, 심리적 요인도 영향을 줄 수 있다고 해요. 보통 4주 차에 시작해서 14주 차 무렵 서서히 호전되지만 개인차가 심해 임신 막달까지도 입덧이 계속되는 경우도 있어요. 최근에는 입덧 밴드, 입덧용 캔디나 팔찌, 입덧 완화 치약, 입덧 치료제 등도 도움이 된다고 하니 시도해볼 만합니다.

이렇게 하면 개선할 수 있어요

메스꺼운 요인을 제거해요 임신 전 즐겨 먹던 음식이라도 향이 강하거나 조미료가 많이 들어간 음식, 기름기가 많은 느끼한 음식들은 임신부의 위를 자극할 수 있습니다. 찬 음식이나 새콤한 음식으로 메스꺼움을 완화해보세요. 새콤한 음식은 울렁거림은 줄여주고 입맛을 돋워주지요.

조금씩 자주 먹어요 음식을 한꺼번에 먹으면 위 활동이 활발해져 입덧이 심해질 수 있어요. 반대로 위가 비어 있어도 증상이 심해지므로 식욕이 생길 때는 언제든지 조금씩, 천천히 오래 씹어 먹도록 합니다.

간식을 활용해요 담백한 비스킷이나 바나나, 우유와 같이 부드러운 간식은 입덧에 도움을 줘요. 껌, 무설탕 캔디나 레몬 등으로 입안을 상쾌하게 하는 것도 좋은 방법입니다. 아이스크림, 슬러시처럼 달콤하고 찬 음식도 순간적으로 입덧을 완화시키지만 배탈의 위험이 있으니 너무 많이 먹진 마세요.

물을 많이 마셔요 물병을 곁에 두고 수시로 마셔요. 생강차, 오미자차, 보리차, 결명자차 등의 차나 탄산수도 좋습니다. 물로 입안을 자주 헹궈도 좋아요.

천천히 움직여요 재빨리 움직이면 입덧을 더 자극할 수 있으므로 천천히 움직이세요.

2__피로

임신하고 가장 힘들었던 것 중 하나가 졸음과 피로였어요. 임신 전보다 호르몬 수치가
높아지고 신진대사가 활발해지기 때문이지요. 임신 중기와 후기에 배가 나오기 시작하면
혈액 순환이 원활하지 않아서 하체가 자주 붓고 저려 몸이 더 쉽게 피곤해진답니다.

레시피에서
활력충전 아이콘을
확인하세요!

이렇게 하면 개선할 수 있어요

철분과 단백질이 풍부한 음식을 섭취해요 피로는 철 결핍성 빈혈의 증상일 수 있으므로 철이 풍부한
푸른 잎채소, 붉은 살코기나 가금류, 통곡물, 견과류 등을 충분히 섭취하세요.
잠깐이라도 눈을 붙여줍니다 쉬는 것만큼 좋은 방법은 없어요. 직장을 다니는 임신부라면 5분이라도
눈을 붙이는 것이 큰 도움이 돼요. 일찍 잠자리에 들고 평균 7~9시간 취침하는 것이 좋아요.
무리한 활동은 피해요 산책과 같은 적당한 신체 활동은 좋지만 너무 무리한 활동은 자제하세요.
무리한 활동을 했다면 꼭 쉬는 시간을 갖는 것이 필요해요.

3__빈혈

임신을 하면 혈액의 양은 증가하는데 헤모글로빈은 그 만큼 늘어나지 않아요. 헤모글로빈의
주성분인 철분이 부족할 경우, 아기는 엄마의 혈액 속 철분을 가져가 자신의 혈액을
만들기 때문에 많은 임신부들이 철분 결핍성 빈혈을 앓습니다. 임신 기간에도 현기증, 두통,
전신 무기력증 등을 유발하거나 분만 시 진통을 심하게 하고 시간을 길어지게 만들 수 있어요.

레시피에서
빈혈예방 아이콘을
확인하세요!

이렇게 하면 개선할 수 있어요

철분이 함유된 식품을 충분히 먹어요 시금치, 우유, 굴, 치즈 등에 많아요. 중기부터는 하루 24mg 이상의 철분이 필요한데 고등어 5마리 정도의 양이에요. 식품만으로 섭취가 어렵다면 철분제 복용이 필요합니다.
철분제 복용 시 주의하세요 커피, 녹차 등 탄닌 성분이 많은 음료와 함께 먹으면 철분 흡수를 방해하고 변비를 유발할 수 있어요. 반면 비타민C는 철분 흡수를 도와주니 과일 주스와 함께 먹으면 효과적이지요.

4__ 불면증

레시피에서 **숙면** 아이콘을 확인하세요!

임신 초기에는 급격한 호르몬의 영향으로, 중기와 후기에는 배와 자궁이 커지며 척추를 압박해 요통, 호흡 장애, 순환 장애 등의 이유로 불면증에 시달리게 됩니다. 적절히 대처하지 않으면 불면증이 악화되고 예민해지며 피곤해지기 때문에 아기에게도 좋지 않은 영향을 미칠 수 있어요.

이렇게 하면 개선할 수 있어요

따뜻한 음료를 마셔요 잠자기 한 시간 전 따뜻한 우유나 차를 마시는 것이 숙면에 도움을 줄 수 있어요.
마지막 식사는 순한 음식을 먹어요 짜거나 맵고, 자극적인 음식은 소화 불량과 속 쓰림을 유발해 불면증을 악화시킬 수 있으므로 저녁 식사는 가급적 순하고 담백한 음식을 먹도록 해요.
수면 자세를 바꿔요 중기 이후에는 옆으로 누워 자는 자세가 좋아요.
이렇게 하면 매스꺼움이 줄어들고 심장으로 가는 혈액이 증가해 잠이 잘 올 거예요.

5__ 변비

레시피에서 **변비탈출** 아이콘을 확인하세요!

임신부의 절반 이상이 한 번쯤 경험할 만큼 흔한 증상이에요. 자궁이 점점 커지면서 장을 압박해 배변을 힘들게 하지요. 임신 중 분비되는 호르몬인 프로게스테론이 위장 운동을 느리게 해 섭취한 음식물이 대장을 천천히 지나게 되고, 그 과정에서 수분이 과도하게 흡수되거나 철분제 복용 등의 이유로 변비가 악화되기도 해요. 변비가 심하면 식욕이 떨어지고, 아기에게 영양 공급이 어려워질 뿐 아니라 치질이 생길 수 있으니 평소에 잘 관리하세요.

이렇게 하면 개선할 수 있어요

섬유질이 풍부한 음식을 먹어요 평소와 같이 변비약을 먹으면 안 돼요. 가급적 섬유질이 풍부한 고구마, 사과 같은 음식을 통해 해결하세요. 채소와 잡곡밥 위주의 규칙적인 식사가 변비 해결에 도움을 준답니다. 채소와 과일을 베이스로 한 그린 스무디(37쪽 참고)나 푸룬 주스도 강력 추천합니다.
수분 섭취를 늘려요 하루에 최소 6~8잔의 물을 마시고 아침에 차가운 물 또는 우유를 마시는 것도 장운동을 촉진하는 데 도움을 줘요. 철분제 때문에 임신 중기에 갑작스럽게 변비가 생긴 경우에는 임신부용 유산균제를 섭취하면 증상이 완화됩니다.

6__부종

임신 20주가 지나면 커진 자궁 때문에 혈액 순환이 원활하지 않아 몸(특히 다리)이 붓는
부종이 나타날 수 있어요. 임신부들을 괴롭히는 증상 중 하나죠. 임신 후기로 가면 자궁 내
혈액량이 최고조에 이르지만 손, 발 등 말초의 혈액 순환이 잘 되지 않아 그 부분의 부종은
더욱 심해진답니다. 저는 첫째 아이 막달에 발이 퉁퉁 부어 신발이 들어가지도 않았던 기억이 나네요.

이렇게 하면 개선할 수 있어요

저염 식사를 해요 짜거나 자극적인 음식은 부종을 더욱 심하게 하므로 저염, 저탄수화물,
고단백 식사를 하는 것이 좋습니다.
적절한 운동이 필요해요 종아리 근육을 수시로 주물러서 다리 전체의 혈액 순환을 잘 시켜주세요.
두 다리를 엉덩이보다 높게 올리는 자세도 효과가 있습니다.

레시피에서
**저염, 저탄수화물,
고단백** 아이콘을
확인하세요!

7__ 임신성 당뇨

24~28주쯤에 진행하는 '임신성 당뇨검사'. 생각보다 많은 엄마들이 1차에 통과하지 못해
'공포의 임당검사'라고도 불리는데요. 임신성 당뇨는 특이 증상이 없는 경우가 많아 이를
자각하기 쉽지 않아요. 임신 중에는 태아에서 분비되는 호르몬에 의해 혈당을 낮추는 인슐린의
기능이 떨어져, 더 많은 인슐린이 필요해요. 임신성 당뇨에 걸린 경우, 인슐린이 충분히 분비되지 않은
데다 분비된 인슐린이 제 기능을 하지 못해 혈당 수치에 문제가 생기는 것이죠. 최근에는 고령 산모도
많고 생활 습관 때문에 예전보다 임신성 당뇨 발병률이 높다고 해요. 임신성 당뇨는 태아에게 필요 이상의
영양을 전달해 거대아로 자라게 할 수 있고 태어나서도 신생아 저혈당, 황달 등의 합병증을 일으킬 수

레시피에서
**저탄수화물,
고단백** 아이콘을
확인하세요!

있어 수의해야 합니다. 임마 또한 요신, 난산의 위험이 있고 출산 후에도 고혈압이나 단백뇨 등의 다양한
합병증이 발생해 지속적인 관리가 필요합니다. 인터넷을 찾아보면 많은 엄마들이 검사 하루 이틀 전에
빵이나 단 음식을 자제하고 심지어 굶는 경우도 많은데 그러한 방법들은 도움이 되지 않아요.
1차에 통과되지 못하더라도 바른 식습관과 적절한 운동으로 호전될 수 있으니 너무 스트레스 받지 마세요.

이렇게 하면 개선할 수 있어요

규칙적인 식사가 필요해요 혈당이 높다고 무작정 탄수화물을 적게 먹으면 태아에게 가는 영양이
부족할 뿐 아니라 케톤(ketone : 탄수화물 부족 시 에너지를 내기 위해 지방이 분해되어 만들어지는
물질로 과다 생성 시 부작용이 발생할 수 있음)이 많이 생겨 아기에게 좋지 않을 수 있어요.
고단백 저탄수화물의 균형 잡힌 식단을 유지해요 흰쌀밥, 흰 밀가루, 흰 설탕과 같은
정제된 식품을 멀리하세요. 밥만 잡곡밥으로 바꿔도 혈당 조절에 큰 도움이 됩니다.
식이섬유가 풍부한 채소를 충분히 섭취하는 것도 중요해요.
꾸준한 운동과 체중관리가 필요해요 조기 진통의 위험이 없다면 혈당이 가장 높아지는 식후 1시간부터
약 30분 동안 가벼운 운동을 하세요. 하루 2회 정도 하는 것이 좋아요. 체중 관리에도 신경 쓰고,
혈당 수치를 위해 열량을 갑자기 늘리거나 많이 먹지 않도록 주의하세요.
지속적으로 혈당 수치를 확인해요 임신 초기에는 저혈당이 자주 일어나므로 혈당을 보다
자주 측정하세요. 공복 혈당은 90mg/dL, 식후 2시간의 혈당은 120mg/dL를 넘지 않아야 합니다.

8 __ 임신성 고혈압 (전자간증, 임신중독증)

레시피에서
저탄수화물,
고단백 아이콘을
확인하세요!

임신성 고혈압, 임신중독증은 임신 20주 이후 고혈압, 단백뇨 검출 등이 발견되는
임신 합병증으로 3대 임신 질환 중 하나입니다. 아기를 낳으면 저절로 호전되지만 급격한
체중 증가, 부종, 두통 등 일반 임신부와 증상 자체가 비슷하기 때문에 매우 위험한 질병임에도
불구하고 당연한 임신 증상으로 생각하고 방치하는 경우가 많답니다. 고령 임신의 증가로
최근 4년 사이 국내 임신중독증 환자가 급증한 만큼 생활 속에서 예방하는 것이 좋습니다.

이렇게 하면 개선할 수 있어요

주기적인 검진이 필요해요 임신중독증에 걸리면 태반으로 혈액이 적게 공급돼 태아가 정상아보다
작게 자라게 됩니다. 임신 전부터 고혈압이 있었을 경우 정기검진을 통해 혈압, 단백뇨 등을
수시로 체크하는 것이 좋습니다.
저염 식사를 해요 짠 음식은 고혈압뿐 아니라 부종의 원인이 되기도 해요. 소스, 드레싱도 주의하세요.
나트륨 배출을 돕는 무기질인 칼륨이 많은 바나나, 토마토 등의 과일과 채소는 혈압 조절에 도움이 됩니다.
체중 관리는 필수예요 임신성 고혈압 또한 체중 관리가 중요합니다. 인스턴트 식품은 염분뿐 아니라
열량이 높으며 과일 역시 당분이 많아 체중이 증가할 수 있으므로 조심하세요.
외식에도 특별한 주의가 필요하니 샤부샤부, 두부요리 등 열량이 낮은 메뉴를 선택합니다.

9__ 코 막힘

임신 중 혈액량 증가로 코안의 얇은 점막에 혈액이 많이 모이면 코 막힘이 생깁니다. 임신부 3명 중 1명꼴로
나타날 정도로 흔한 증상으로, 코 막힘이나 알레르기성 비염은 대부분 출산 후에는 다시 좋아집니다.

이렇게 하면 개선할 수 있어요

물을 많이 마시고 따뜻한 물에 수건을 적셔 코에 대거나 가습기를 계속 틀어 습도를 조절합니다.
약국에서 파는 코 세정액으로 코 세척을 하는 것도 좋은 방법입니다.

10__ 잇몸 질환

잇몸에 혈액량이 늘고 에스트로겐과 프로게스테론 분비가 왕성해지기 때문에 쉽게 붓고 예민해져
염증도 생기고 심하면 출혈까지 일어납니다. 잇몸 질환이 있다면 구강 내 세균이 조기 진통을 유발해
조산 가능성을 높일 수 있어요. 양치 시 자주 피가 나거나 통증도 느껴진다면 치과 진료를
반드시 받는 것이 좋습니다.

이렇게 하면 개선할 수 있어요

식사 후 양치질을 잘 하고 치실을 사용해요 칫솔질이 어려울 경우에는 구강 청결제로 가글을 해도 좋습니다.
최근에는 안전한 국소마취제를 사용하기 때문에 치과 치료가 태아에게 큰 해가 되는 경우는 드물어요.
적절한 시기에 안전하게 잇몸 질환 관리를 해주는 것을 권해요.

1___ **초기** 태아가 환경적 영향에 매우 민감한 시기로 잇몸 질환이 생길 시 검진은 받되
무리한 치료는 가급적 피합니다.
2___ **중기** 치과 치료를 가장 안전하게 받을 수 있는 시기로 대부분의 치료가 가능하기 때문에
전문의와 상의 후 본격적인 치료를 시작해도 좋습니다.
3___ **후기** 자궁이 외부 자극에 민감하고 배가 크게 불러 오랜 시간 누워있기가 어려워요.
통증이 아주 심하지 않으면 임시 치료만 하고 출산 후 적극적인 치료를 합니다.

11__ 역류성 식도염

호르몬의 영향으로 식도와 위장 사이의 괄약근이 쉽게 이완돼 신물이 넘어오고 속이 쓰린 증상이
나타납니다. 속 쓰림은 태아가 커져 자궁이 위장을 압박할수록 심해지나 출산 후에는 대부분 사라집니다.

이렇게 하면 개선할 수 있어요

음식은 조금씩 자주 먹고, 잠자기 두세 시간 전에는 먹지 않습니다. 식사 중 물을 많이 마시지 않으며
맵고 찬 음식, 지방이 많은 음식은 위산 분비를 촉진시키기 때문에 피하는 것이 좋습니다.
또한 음식을 먹은 후 껌을 씹으면 타액이 분비되면서 위산이 중화돼 역류성 식도염에 도움이 됩니다.

피부 트러블이 있다면?

임신 중 증가한 안드로겐
호르몬이 피지선을 활성화시켜
여드름을 유발하고 피부도
평소보다 약간 검게 만들어요.
특히 많은 임신부들이 마스크
모양으로 기미가 생겨
스트레스를 받곤 하지요.
기미 예방을 위해 자외선
차단제를 꼼꼼히 바르세요.
여드름이 났을 경우에는
유분이 적은 화장품을 사용하고
하루 2회 정도 저자극성
클렌저로 세안합니다. 여드름
치료제 중에는 기형 유발 등의
이유로 임신부에게 위험한
약물들이 있으니
꼭 전문의와 상의하세요.

영양 아이콘 & 레시피 특징

영양 아이콘의 기준 및 의미, 레시피의 구성 내용

❝ 엄마랑 아기랑 함께 먹는 10개월의 식생활, 잘 이해하셨나요?
앞서 설명한 지침에 맞춰 임신했을 때 만들어 먹었던
태교음식을 소개할게요. 레시피를 따라 하기 전 알아두어야 할
영양 아이콘과 요리 왕초보를 위한 기초 가이드부터 소개합니다.
레시피 200% 활용을 위해 꼼꼼히 확인하세요.

레시피 선택에 도움을 줄 영양 아이콘

이 책의 모든 태교음식의 열량, 영양성분 등은 한국영양학회가 개발한 영양 분석 프로그램 CAN(Computer Aided Nutritional Analysis Program)을 이용했고, 그 결과를 토대로 임신부에게 도움이 될 수 있는 대표 효능들을 영양 아이콘으로 표시했어요. 레시피를 선택할 때 참고하세요!

 초간단 재료 또는 과정이 간단하거나 조리 시간이 짧은 메뉴. 바쁜 날에도 손쉽게 요리하세요.

 입덧완화 비타민B6, 엽산이 풍부하거나 산미가 있는 메뉴예요.

 빈혈예방 철분 하루 권장량의 25~30% 이상 함유한, 철분이 듬뿍 담긴 메뉴예요.

 변비탈출 식이섬유가 특히 풍부한 메뉴예요. 면역력을 높이는데도 도움이 돼요.

 숙면 비타민B12, 마그네슘이 풍부하고, 유제품을 넉넉히 활용한 메뉴예요.

 활력충전 비타민C, 아연, 셀레늄이 특히 풍부한 메뉴예요. 감기 예방에도 좋아요.

 저염 나트륨 함량이 700mg 이하인 메뉴예요. 부종이 있거나 혈압이 높다면 선택하세요.

 저탄수화물 탄수화물 20% 이하인 메뉴. 급격한 체중 증가, 임신성 당뇨, 고혈압 등이 있다면 선택하세요.

 고단백 단백질 40% 이상인 메뉴. 급격한 체중 증가, 임신성 당뇨, 고혈압 등이 있다면 선택하세요.

 고칼슘 칼슘 하루 권장량의 25% 이상 함유한, 칼슘이 듬뿍 담긴 메뉴예요.

레시피, 200% 활용하기

❶ 임신 시기
초기, 중기, 후기에 특히 추천하고픈 메뉴라는 의미예요. 물론 어떤 메뉴든 영양 균형을 맞췄으니, 시기에 상관 없이 자유롭게 선택해도 돼요.

❷ 서서 조리하는 시간
최대 30분 기준이라서 임신부도 힘들지 않게 따라 할 수 있어요. 괄호 속에는 그 외 불리거나 익히는 시간을 표기했어요.

❸ 필자의 경험담 & 메뉴 설명
영양학적 지식과 두 아이 엄마로서 경험담을 생생히 담았어요. 예비 엄마들에게 든든한 정보와 응원이 될 거예요.

❹ 모든 레시피는 2인분
남편 또는 아이와 함께 먹는 것을 고려했어요. 양이 부족하다고 느껴지면 재료와 양념을 비율대로 늘리되, 맛을 보면서 조리하세요.

요리 기초 레슨

계량법부터 불 세기 조절법, 재료 손질법까지

계량하기

계량도구에는 흔히 사용하는 계량스푼과 계량컵이 있습니다. 계량스푼 대신 밥숟가락,
계량컵 대신 종이컵을 활용해도 좋아요. 밥숟가락은 집집마다 크기가 차이가 있으니 감안해서 계량하세요.

밥숟가락·종이컵 대체하기
1큰술(15㎖) = 3작은술 = 밥숟가락 약 1과 1/2
1작은술(5㎖) = 밥숟가락 약 1/2
1컵(200㎖) = 종이컵 1컵

1작은술 5㎖
1컵 200㎖
1큰술 15㎖

간장, 식초 등 액체류
계량컵 기울기가 없는 평평한
곳에 올린 후 가장자리가 넘치지
않을 정도로 담아요.
계량스푼 가장자리가 넘치지
않을 정도로 담아요.

**설탕, 소금, 밀가루 등
가루류**
계량컵, 계량스푼 재료를 가득
담은 후 젓가락으로 윗부분을
평평하게 깎아 계량합니다.
이때 꾹꾹 누르지 말고 가볍게
담은 후 윗부분을 깎아야
오차가 없습니다.

된장, 고추장 등 장류
계량컵, 계량스푼 재료를 가득
꾹꾹 눌러 담은 후 윗부분을
평평하게 깎아 계량합니다.

콩, 견과류 등 알갱이류
계량컵, 계량스푼 재료를 가득
담은 후 윗면을 깎아요.

불 세기 조절하기

가스레인지의 불꽃과 냄비(팬) 바닥 사이의 간격으로 불 세기를 조절하세요.

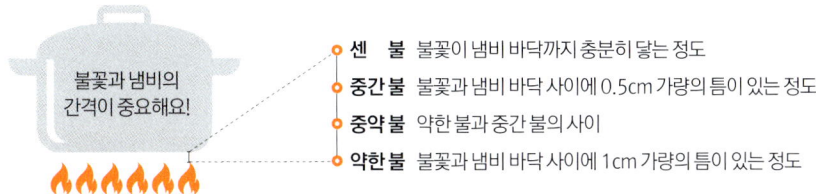

불꽃과 냄비의
간격이 중요해요!

- **센   불**   불꽃이 냄비 바닥까지 충분히 닿는 정도
- **중간 불**   불꽃과 냄비 바닥 사이에 0.5cm 가량의 틈이 있는 정도
- **중약 불**   약한 불과 중간 불의 사이
- **약한 불**   불꽃과 냄비 바닥 사이에 1cm 가량의 틈이 있는 정도

손 대중량

저울이 없어도 손으로 재료를 계량할 수 있어요.

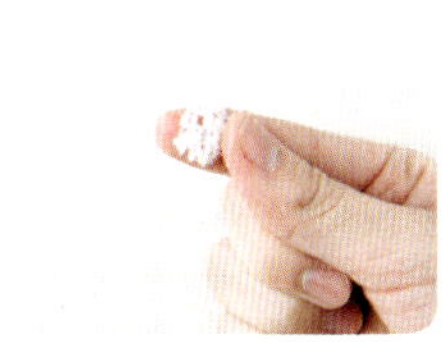

소금 약간	 후춧가루 약간 (가볍게 2회 정도 턴 분량)	 메밀면·소면 1줌(70g)	 스파게티 1줌(80g)
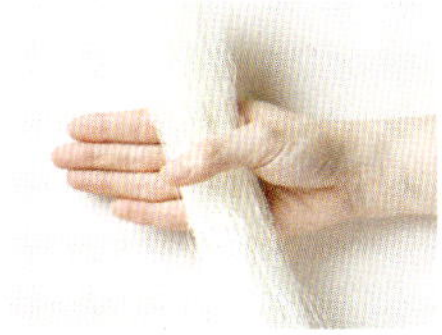 버미셀리 1줌(50g)	 대파 흰 부분 10cm, 20cm	 콩나물·숙주 1줌(50g)	 애느타리버섯 1줌(50g)
 참나물·쑥갓·치커리 1줌(50g)	 어린잎 채소 1줌(20g)	 부추·영양부추 1줌(50g)	 시금치 1줌(50g)
 양상추 1장(손바닥 크기, 15g)	 마른 실미역 1줌(5g)	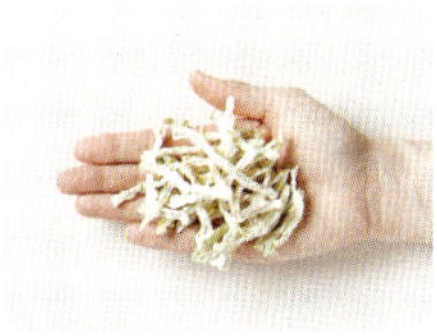 무말랭이 1줌(20g)	 황태채 1컵(20g)

식재료 손질하기

찬찬히 따라 하면 어떠한 식재료도 익숙하게 손질할 수 있을 거예요.
그러면 당연히 요리에 자신감이 생기고 맛도 제대로 낼 수 있겠지요?

오징어

1 몸통은 가위로 반을 자른다.

2 손으로 다리를 잡아당겨 떼어낸 후 내장을 자른다.

3 몸통에 붙은 뼈, 다리에 붙은 눈, 입을 제거한다.

4 손가락으로 훑어 빨판을 없앤다.

홍합

1 손으로 수염을 떼어낸다.

2 껍질끼리 비벼 불순물을 없앤다.

토마토

1 밑부분에 열십(+)자로 칼집을 낸다.

2 끓는 물(5컵)에 넣고 40초간 데친 후 껍질을 벗긴다.

아보카도

1 칼이 씨에 닿도록 깊숙이 꽂은 후 360° 돌려가며 칼집을 낸다.

2 비틀어서 두 쪽으로 나눈다.

3 씨에 칼날을 꽂아 고정시킨 후 비틀어서 뺀다.

4 손가락으로 과육만 발라낸다.

오렌지·자몽

1 위와 아랫부분을 자른다.

2 모양을 살려 껍질을 제거한다.

3 과육과 껍질 사이에 칼날을 넣어 과육만 분리한다.

삶은 시래기

맑은 물이 나올 때까지 2~3회 주물러 씻어 물기를 제거한 후 줄기의 섬유질을 제거한다.

깻잎·케일

여러 장 겹쳐 돌돌 만 후 썬다.

브로콜리

비닐에 물, 식초 2~3방울, 브로콜리를 넣고 주물러가며
이물질을 없앤다. 흐르는 물에 씻는다.

파프리카·피망

1 파프리카를 2등분한다.

2 꼭지 부분을 안쪽으로
눌러 떼어낸다.

3 안쪽이 보이도록 놓고
하얀 심을 제거한 후 썬다.

대파

1 길이로 반을 가른다.

2 가운데 심을 빼고 채 썬다.

멸치 다시마 육수(2인분)

1 냄비에 국물용 멸치 8마리,
다시마 5×5cm 2장,
물 2와 1/2컵(500㎖)을
넣는다.

2 센 불에서 끓어오르면
중약 불로 줄여 10분간 끓인 후
건더기를 건져낸다.

오이

1 어슷 썬다.

2 썬 오이를 겹쳐 채 썬다.

소면·메밀면

1 끓는 물에 소면을 넣고
센 불에서 2분 30초~3분간
저어가며 삶는다. 중간에
끓어 넘치려고 하면 찬물
1/2~1컵을 넣고 끓인다.

2 찬물에 헹군 후 물기를 뺀다.

무

1 결대로 썬다.

2 썬 무를 겹쳐 채 썬다.

초기 임신부를 위한
태교음식

임신부터 3개월까지

11주까지는 입덧이 심해 임신부들이 많이 힘들어하는 시기예요.
임신 전 습관대로 제시간에 억지로 식사할 필요는 없어요. 반드시 먹어야
한다는 강박이 입덧을 악화시킬 수 있거든요. 속이 가라앉았을 때
부담이 적은 음식 위주로 조금씩 먹기 시작하세요. 초기 식단에는
냄새가 강한 식재료는 최소한으로 쓰고, 엽산과 칼슘 보충에 도움이 되는
과일과 녹황색 채소, 우유와 유제품 등은 적극 활용했어요.
더불어 입덧을 완화시키는 새콤달콤한 맛은 살렸답니다.

이런 메뉴들을 실었어요!

1 ___ 임신 초기에 특히 중요한 엽산, 칼슘 등의 필수 영양소가 풍부한 음식을
소개했어요. 단백질, 무기질, 식이섬유 등이 가득한 슈퍼곡물도
적극 활용했답니다.

2 ___ 입덧으로 인해 요리를 만들기 어려운 시기이기 때문에 향이 강하거나
손질이 어려운 재료는 가급적 줄였고, 만드는 방법도 최대한 간편하게 했어요.

3 ___ 입덧을 완화하고 입맛을 돋울 수 있는 새콤달콤한 맛의 메뉴를 많이 소개했어요.
샐러드, 국수, 샌드위치 등 다양하게 구성했답니다.

아보카도 김비빔밥

+ 토마토 달걀탕

햄프시드 잔멸치볶음 114쪽

❝ 임신의 기쁨도 잠시, 입덧과 음식에 대한 걱정이 앞서지만 어렵지 않게 생각하기로 했어요.
자연의 식재료만으로도 간단히, 최소한의 시간을 들여 풍부한 맛을 낼 수 있기 때문이지요.
아보카도 김비빔밥과 토마토 달걀탕이 그 대표적인 메뉴예요. 아보카도는 식감이 부드럽고
엽산을 비롯한 각종 영양소로 똘똘 뭉친 식재료라 임신 기간 내내 자주 먹었답니다.

초간단 입덧완화 변비탈출

아보카도 김비빔밥

2인분

- 따뜻한 현미밥 1과 1/2공기
  (또는 잡곡밥, 300g)
- 아보카도 1개(200g)
- 달걀 2개
- 조미김 1/3컵(10g)
- 식용유 1작은술

양념장
- 양조간장 1과 1/2큰술
- 연겨자 1작은술(기호에 따라 가감)

1
아보카도는 손질한 후
0.5cm 두께로 썬다.
★ 아보카도 손질법 50쪽 참고

2
달군 팬에 식용유를 두르고
달걀을 올려 중약 불에서 1분 30초간
반숙으로 익혀 덜어둔다.
★ 완숙은 뒤집어 1분간 더 익히세요.

3
그릇에 모든 재료를 담고
양념장을 곁들인다.

토마토 달걀탕

2인분

- 토마토 1개
  (또는 방울토마토 10개, 150g)
- 달걀 1개
- 액젓(멸치 또는 까나리) 1큰술
- 다진 마늘 1작은술
- 식용유 1큰술
- 물 2컵(400㎖)

1
토마토는 6~8등분한다.
달걀은 완전히 푼다.

2
달군 냄비에 식용유, 다진 마늘을 넣고
중간 불에서 30초, 토마토를 넣고
센 불로 올려 30초간 볶는다.
액젓, 물을 넣고 끓어오르면
달걀을 둘러가며 붓고
중약 불에서 3~4분간 끓인다.

무생채
비빔밥

재료들이 입안에서 함께
버무려지는 그 맛이 매력적인
비빔밥. 참 좋아하는 한그릇인데요.
재료를 일일이 준비하기가 조금
번거로운 것이 사실이지요.
그래서 간단한 무생채비빔밥을
만들었습니다. 간을 약하게 하고
아삭한 식감을 살린 데다 향이 강한
액젓 없이 새콤달콤한 맛을 내서
입맛이 없을 때 먹기에 딱이지요.

2인분

- 따뜻한 현미밥 1과 1/2공기
  (또는 잡곡밥, 300g)
- 무 지름 10cm, 두께 3cm(300g)
- 달걀 2개
- 어린잎 채소 2줌
  (또는 쌈 채소, 40g)
- 소금 1작은술
- 식용유 1작은술
- 참기름 약간

양념

- 고춧가루 2작은술
- 다진 마늘 1/2작은술
- 식초 2작은술
- 올리고당 1작은술
- 고추장 1작은술
- 참기름 1작은술
- 통깨 약간

1

무는 가늘게 채 썰고 소금과 버무려
10분간 절인 후 물기를 꼭 짠다.

2

달군 팬에 식용유를 두르고
달걀을 올려 중약 불에서 1분 30초간
반숙으로 익혀 덜어둔다.
＊완숙은 뒤집어 1분간 더 익히세요.

3

양념을 섞은 후 무와 버무린다.

4

그릇에 모든 재료를 담는다.

호두
오이비빔밥

> 임신 기간에 먹는 집밥은 소박해 보여도 배 속의 아기와 함께 먹기에 의미가 크지요.
> 호두 오이비빔밥에 들어있는 호두를 와그작 씹을 때마다 '우리 아기가 똑똑해진다'고 상상해봐요.
> 매일 반복되던 날들에 찾아온 소중한 우리 아기, 그리고 아기를 생각한 맛있는 요리를 만드는 것만으로도
> 일상에서의 훌륭한 태교가 되지 않을까요?

숙면　　저염　　고단백

2인분

- 따뜻한 현미밥 1과 1/2공기
  (또는 잡곡밥, 300g)
- 오이 2개(400g)
- 다진 쇠고기
  (또는 쇠고기 불고기용) 150g
- 다진 호두 2큰술
- 식용유 1/2큰술
- 다진 마늘 1큰술
- 다진 파 1큰술
- 참기름 1작은술
- 고추장 2큰술(기호에 따라 가감)
- 통깨 1작은술
- 소금 1/2작은술

밑간

- 소금 1/3작은술
- 후춧가루 약간

색다르게 즐기기
고추장 대신 삼색 소보로 초밥
(67쪽 참고)의 초밥 양념을
넣어도 좋아요.

1
오이는 얇게 송송 썬다.
소금과 버무려 10분간 절인 후
물기를 짠다.

2
다진 쇠고기는 키친타월로
핏물을 없앤 후 밑간과 버무린다.

3
달군 팬에 식용유, 쇠고기를 넣고
센 불에서 2분간 볶는다.
오이, 다진 마늘,
다진 파, 참기름을 넣고
중간 불로 줄여 2분간 볶는다.
★ 주걱을 세워 으깨가며 볶아야
쇠고기가 뭉치지 않아요.

4
통깨를 넣고 불을 끈다.
그릇에 밥, 다진 호두와 함께 담고
고추장을 곁들인다.

모둠 해초
비빔밥

" '임신부 음식 = 미역국'이라는 말이 있을 만큼 해조류는 임신부 추천 음식에 빠지지 않고 등장해요.
식이섬유뿐 아니라 칼슘과 철분이 풍부해 임신 기간 내내, 더 나아가 수유기에도 좋기 때문이지요.
육아 중인 지금도 먹을 것이 마땅치 않거나 급히 끼니를 준비할 때면 이 비빔밥을 먹곤 해요.
생이나 절임 해초류보다 건해초 믹스가 보관이 쉬우니 장 볼 때 넉넉히 구입해 두세요.
단백질은 두부나 연어처럼 담백한 것들로 보충하면 됩니다.

2인분

- 따뜻한 현미밥 1과 1/2공기
  (또는 잡곡밥, 300g)
- 시판 모둠 해초 샐러드 300g
- 연두부 1팩(또는 생식 두부, 250g)

양념장

- 고춧가루 1/2큰술
- 식초 1큰술
- 매실청 1큰술
- 올리고당 1큰술
- 고추장 2큰술
- 다진 마늘 1작은술
- 통깨 약간

1
모둠 해초 샐러드는 찬물에 담가
2~3번 흔들어 씻는다.

2
체에 밭쳐 물기를 뺀다.

3
해초를 한입 크기로 썬다.

**시판 모둠 해초 샐러드를
건해초 믹스로 대체하기**
건해초 믹스 30g(불리기 전)으로
대체해도 좋아요. 과정 ①은 생략하고
물에 10분간 불린 후 사용하세요.

간편하게 즐기기
양념장을 시판 초고추장 5큰술로
대체해도 좋아요.

4
그릇에 모든 재료를 담고
양념장을 곁들인다.

매콤 연두부 양배추덮밥

병아리콩 견과조림 116쪽

> '임신이 이렇게 힘들어?'라는 생각이 들게 하는 첫 고비인 입덧, 잘 이겨내고 있나요? 두부는 냄새가 거의 없고 조리가 간단한 재료라서 입덧이 심한 초기에 유용해요. 게다가 이 요리는 양념장만 만들면 절반 이상은 완성한 것이나 다름없을 정도로 간편하지요. 칼칼하고 찬 음식이라 울렁거리는 속을 누그러뜨리기에도 좋고요. 비빔밥처럼 섞지 말고 밥, 연두부, 양배추, 다진 마늘을 함께 떠먹어야 더 맛있어요.

2인분

- 따뜻한 현미밥 1과 1/2공기
  (또는 잡곡밥, 300g)
- 연두부 1팩
  (또는 생식두부, 250g)
- 양배추 4장(손바닥 크기,
  또는 알배기배추, 120g)
- 다진 마늘 1/2작은술
- 식용유 1작은술
- 소금 1/3작은술
- 후춧가루 약간

양념장

- 송송 썬 쪽파 1줄기
- 양조간장 1큰술
- 두반장 1큰술
- 다진 마늘 1작은술
- 올리고당 1/2작은술
- 참기름 1작은술

1

연두부는 5~6등분한다.
양배추는 가늘게 채 썬다.

2

양념장을 섞는다.

3

달군 팬에 식용유, 양배추,
소금, 후춧가루를 넣고
양배추의 숨이 죽을 때까지
중간 불에서 1분간 볶는다.

4

그릇에 모든 재료를 담고
양념장을 곁들인다.

두부 쑥갓덮밥

+ 토마토 양파샐러드

❝ 쑥갓은 철분과 엽산뿐만 아니라 미량영양소도 풍부해서 임신부에게 필요한 영양을
단숨에 업그레이드해줄 재료예요. 쑥갓하면 흔히 무침을 떠올리는데 자글자글 한소끔 끓여내는
조림이나 덮밥 소스로도 잘 어울린답니다. 한입 크기로 썰거나 잘게 다져서 토핑으로 즐겨도 좋아요.

두부 쑥갓덮밥

2인분

- 따뜻한 현미밥 1과 1/2공기
  (또는 잡곡밥, 300g)
- 두부 큰 팩 1모(부침용, 300g)
- 쑥갓 1줌(또는 깻잎, 50g)
- 양파 1/4개(50g)
- 대파(흰 부분) 10cm
- 다시마 5×5cm 2장
- 물 1컵(200㎖)

양념

- 고춧가루 1/2큰술
- 다진 마늘 1큰술
- 맛술 1큰술
- 고추장 1큰술
- 들기름 1큰술
- 양조간장 2작은술
- 올리고당 1작은술

1
두부, 쑥갓은 한입 크기로 썰고
양파는 굵게 채 썬다.
대파는 얇게 어슷 썬다.

2
냄비에 두부, 양파, 다시마, 물,
양념을 넣는다. 센 불에서 끓어오르면
다시마를 건져낸 후 중간 불로 줄여
국물을 끼얹어가며 5분간 끓인다.

3
쑥갓, 대파를 넣고 중약 불에서 1분간
끓인다. 그릇에 밥과 함께 담는다.

토마토 양파샐러드

2인분

- 토마토 1개
  (또는 방울토마토 10개, 150g)
- 적양파 1/2개(또는 양파, 100g)
- 가쓰오부시 1큰술(생략 가능)
- 다진 쑥갓(또는 다른 허브) 1작은술

드레싱

- 식초 1큰술
- 양조간장 1큰술
- 올리브유 1과 1/2큰술
- 올리고당 2작은술
- 소금 약간
- 후춧가루 약간

1
토마토는 6~8등분한다.
적양파는 가늘게 채 썬다.

2
그릇에 모든 재료를 담고
드레싱을 곁들인다.

삼색 소보로 초밥

> 각 재료의 색이 밝아서
> 그릇에 담다 보면 절로 기분이
> 좋아지는 참 예쁜 요리입니다.
> 식초를 더한 새콤달콤한 밥과
> 감칠맛 나는 재료들이 아이들
> 입맛에도 잘 맞을 거예요.
> 지금부터라도 곧 태어날 우리
> 아기와 엄마가 함께 먹을 수
> 있는 음식을 만들어 보세요.

입덧완화   빈혈예방   고단백

2인분

- 따뜻한 현미밥 1과 1/2공기
  (또는 잡곡밥, 300g)
- 브로콜리 1개(300g)
- 다진 쇠고기 200g
- 식용유 1작은술 + 1/2큰술
- 소금 약간
- 후춧가루 약간

고기 양념

- 양조간장 1큰술
- 올리고당 1/2큰술
- 식용유 1작은술
- 후춧가루 약간

달걀물

- 달걀 4개
- 우유 2작은술
- 소금 약간

초밥 양념

- 설탕 2큰술
- 식초 4큰술
- 소금 1작은술

1

브로콜리는 굵게 다진다.
다진 쇠고기는 키친타월로 핏물을
없앤 후 고기 양념과 버무린다.
★ 브로콜리 손질법 51쪽 참고

2

달걀물을 섞는다.
밥과 초밥 양념을 섞는다.

3

달군 팬에 식용유 1작은술,
달걀물을 넣어 중간 불에서 1분간
저어가며 익힌 후 덜어둔다.

4

달군 팬에 식용유 1/2큰술,
브로콜리, 소금, 후춧가루를 넣고
중간 불에서 3분간
바싹 볶아 덜어둔다.

5

달군 팬에 쇠고기를 넣고
중간 불에서 5분간 바싹 볶는다.
그릇에 밥을 담고
삼색 소보로를 올린다.
★ 주걱을 세워 으깨가며 볶아야
쇠고기가 뭉치지 않아요.

깻잎
토마토리조또

> 토마토의 감칠맛에 깻잎의 풍미를 더한 요리예요. 토마토는 수분과 비타민이 풍부해 몸에 활력을 주고
> 특유의 산미가 입덧을 가라앉혀준답니다. 토마토를 듬뿍 넣은 대신 시판 소스를 쓰지 않아 마음도 놓이지요.
> 엄마가 되었으니 자극적인 양념은 줄여 보자고요. 분명, 아기에게 긍정적인 영향을 줄 거예요.

입덧완화   변비탈출   저염

2인분

- 현미밥 1과 1/2공기
  (또는 잡곡밥, 300g)
- 토마토 4개(600g)
- 브로콜리 1/2개(150g)
- 다진 돼지고기
  (또는 다진 쇠고기) 100g
- 양파 1/2개(100g)
- 양배추 2장(손바닥 크기,
  또는 알배기배추, 60g)
- 깻잎 10장(20g)
- 올리브유(또는 식용유) 1큰술
- 고춧가루 1작은술
- 소금 1작은술(기호에 따라 가감)
- 들기름(또는 참기름) 1작은술
- 후춧가루 약간

1

브로콜리, 양배추는 사방 2cm 크기로
썬다. 양파는 굵게 다진다.
깻잎은 가늘게 채 썬다.

★ 깻잎 채 써는 법 51쪽 참고
★ 채소 손질 전 토마토 데칠 물
5컵을 끓이세요.

2

토마토는 데친 후 껍질을 벗겨
4~8등분한다.

★ 토마토 손질법 50쪽 참고

3

달군 냄비에 올리브유, 돼지고기,
양파를 넣어 센 불에서 3분,
토마토를 넣고 으깨가며 3분간 볶는다.

4

브로콜리, 양배추를 넣어 2분,
밥, 고춧가루, 소금을 넣고
중간 불로 줄여 3분간 볶는다.
불을 끄고 깻잎, 들기름,
후춧가루를 넣는다.

★ 파마산 치즈가루를 더해도 좋아요.

잔멸치 참나물 주먹밥

+ 팽이버섯 달걀국

" 아기의 골격과 치아가 형성되는
초기에는 칼슘 섭취가 참 중요해요.
그렇다면 '칼슘'의 대표 주자,
멸치를 활용한 주먹밥도 꼭 한번
만들어 봐야겠지요? 참나물을 더한
덕분에 색다를 거예요.
주말 아침, 아기를 생각하며
남편과 함께 동그랗게 빚어 보세요.

잔멸치 참나물 주먹밥

2인분

- 따뜻한 현미밥 1과 1/2공기
  (또는 잡곡밥, 300g)
- 잔멸치 1/2컵(30g)
- 참나물 1/2줌
  (또는 시금치, 깻잎, 25g)
- 아마시드(또는 통깨) 1큰술
- 참기름 1큰술

양념

- 설탕 1큰술
- 양조간장 1큰술
- 맛술 1큰술
- 식용유 1큰술

 볶음밥으로 즐기기
달군 팬에 모든 재료를 넣고
센 불에서 5분간 볶아요.
달걀이나 조미김을 더해도 좋아요.

1
참나물은 1cm 길이로 썬다.
양념을 섞는다.

2
달군 팬에 잔멸치를 넣고 중간 불에서
30초, 양념을 넣고 2분간 볶는다.

3
모든 재료를 섞은 후 모양을 만든다.
★ 다진 청양고추를 더해도 좋아요.

팽이버섯 달걀국

2인분

- 팽이버섯 2줌(100g)
- 달걀 2개
- 쪽파 1줌(50g)
- 홍고추 1/2개(생략 가능)
- 맛술 1큰술
- 소금 1/2큰술(기호에 따라 가감)
- 후춧가루 약간
- 다시마 5×5cm 3장
- 물 2와 1/2컵(500㎖)

1
팽이버섯은 밑동을 제거한 후
2등분한다. 쪽파는 한입 크기로 썰고,
홍고추는 송송 썬다.
달걀을 푼다.

2
냄비에 다시마, 물을 넣어
센 불에서 끓어오르면 팽이버섯,
맛술, 소금을 넣고 중간 불로 줄여
1분간 끓인다. 다시마를 건져낸 후
달걀, 쪽파, 홍고추, 후춧가루를
넣고 30초~1분간 끓인다.

겨자 양념장 꼬마김밥

+ 순두부 부추탕

❝ 임신 초기에는 '입맛이 없어. 맛있는 게 없을까?'라는 말을 습관적으로 했어요.
그럴 때면 광장시장표 꼬마김밥을 만들었지요. 재료는 평범한데 겨자 양념장을 콕 찍으면
김밥을 말면서 서너 개, 차려 놓고 대여섯 개를 먹거든요. 큼직한 일반 김밥과 달리
크기도 작고 들어가는 재료도 적어서 김밥 말기에 자신 없는 사람도 예쁘게 완성할 수 있답니다.

겨자 양념장 꼬마김밥

2인분

- 따뜻한 현미밥 1과 1/2공기
  (또는 잡곡밥, 300g)
- 당근 1개(200g)
- 단무지 4줄(김밥용, 60g)
- 시금치 2줌(100g)
- 구운 김밥 김 3장
- 식용유 1작은술
- 참기름 1작은술 + 1작은술
- 소금 약간
- 후춧가루 약간
- 통깨 약간

겨자 양념장

- 양조간장 1큰술
- 물 1큰술
- 식초 1/2큰술
- 올리고당 1/2큰술
- 연겨자 1작은술(기호에 따라 가감)

순두부 부추탕

2인분

- 순두부 1봉(330g)
- 부추 1/2줌(25g)
- 멸치 다시마 육수 1과 1/2컵(300㎖)
  ＊ 멸치 다시마 육수 만드는 법 51쪽 참고

양념

- 국간장 1/2큰술
- 다진 마늘 1작은술
- 소금 약간
- 후춧가루 약간

1
당근, 단무지는 가늘게 채 썬다.
＊ 재료 손질 전 시금치 데칠 물
(물 5컵 + 소금 1큰술)을 끓이세요.

2
달군 팬에 식용유, 당근, 소금,
후춧가루를 넣고
중간 불에서 3분간 볶는다.

3
끓는 물에 시금치를 넣고
센 불에서 20초간 데친 후
찬물에 헹궈 물기를 짠다.
참기름 1작은술, 소금, 통깨와 무친다.

4
김은 4등분한다. 밥에 참기름
1작은술을 섞은 후 밥 1큰술을
김의 2/3지점까지 골고루 편다.
당근, 시금치, 단무지를 올려 돌돌 만다.
같은 방법으로 더 만든다.
겨자 양념장을 곁들인다.

1
부추는 한입 크기로 썬다.
육수가 센 불에서 끓어오르면
순두부, 부추, 양념을 넣고
2~3분간 끓인 후 불을 끈다.

토마토국수

컨디션이 좋지 않은 날에는 평소와 다른 음식이 생각나지요? 그럴 땐 이 페이지를 펼치세요.
색 못지않게 맛도 일품인 토마토국수입니다. 면을 국물에 충분히 적셔 한입 가득 넣으면 매콤한 양념이
쏙 밴 토마토 과육이 후루룩 들어오지요. 그뿐인가요? 들기름 덕분에 토마토 속 항산화성분인 라이코펜도
듬뿍 섭취할 수 있어요. 토마토가 제철인 여름에 특히 좋아요. 더운 여름을 보내는 임신부에게 추천합니다.

초간단   입덧완화   변비탈출   숙면

2인분
- 소면 2줌(140g)
- 토마토 4개(600g)
- 오이 1/4개(50g)
- 삶은 메추리알 4개
  (또는 삶은 달걀 1개)
- 얼음 5~6개
- 들기름 1작은술

양념
- 다진 마늘 1/2큰술
- 식초 3큰술
- 매실청 1큰술
- 올리고당 2큰술
- 고추장 4큰술
- 양조간장 1작은술

1

토마토는 한입 크기로 썬다.
오이는 가늘게 채 썬다.
양념을 섞는다.
★ 채소 손질 전 소면 삶을 물
10컵을 끓이세요.

2

끓는 물에 소면을 넣고 센 불에서
2분 30초~3분간 저어가며 삶는다.
찬물에 헹군 후 물기를 뺀다.
★ 소면을 삶는 중간에
끓어 넘치려고 하면
찬물 1/2~1컵을 넣고 끓여요.

3

믹서에 토마토, 양념, 얼음을 넣고 간다.
★ 얼음이 없을 경우 토마토와 양념을
갈아 냉동실에 30분 이상 두세요.

4

그릇에 모든 재료를 담는다.

무말랭이
황태비빔면

> "엄마, 새콤달콤한 국수가 먹고 싶어. 그리로 갈게." 통화 후에 방문한 친정 엄마의 밥상에는 비빔국수가 차려져 있어요. 엄마의 사랑을 오래 기억하고자 그때 찍어 놓은 사진을 두 아이를 출산한 지금까지도 가끔 꺼내 본답니다. 나중에 저도 딸이 생기면 이 비빔면을 꼭 해주고 싶어요. 단백질 덩어리인 황태채와 철분이 풍부한 오독오독 무말랭이를 넣은 비빔면으로 배 속 아기도 할머니의 사랑을 느낄 수 있을게요.

2인분

- 소면 2줌(140g)
- 무말랭이 1/2줌(20g)
- 황태채 1컵(20g)
- 오이 1/4개(50g)
- 어린잎 채소 2줌(40g)

양념

- 고춧가루 1과 1/2큰술
- 통깨 1큰술
- 다진 마늘 1큰술
- 식초 3큰술
- 양조간장 2큰술
- 올리고당 3큰술
- 고추장 3큰술
- 참기름 1과 1/2큰술

1
무말랭이, 황태채는 잠길 만큼의
미지근한 물에 담가 3~5분간
불린 후 물기를 가볍게 짠다.

2
오이는 가늘게 채 썬다.
양념을 섞는다.
✱ 채소 손질 후 소면 삶을 물 10컵을
끓이세요.

3
무말랭이, 황태채는
양념 5큰술과 버무린다.

4
끓는 물에 소면을 넣고 센 불에서
2분 30초~3분간 저어가며 삶는다.
찬물에 헹군 후 물기를 뺀다.
소면, ③을 비벼 그릇에 담고
오이, 어린잎 채소를 올린다.
✱ 소면을 삶는 중간에 끓어 넘치려고
하면 찬물 1/2~1컵을 넣고 끓여요.

반찬으로 즐기기
무말랭이는 1줌(40g),
황태채는 2컵(40g)으로
양을 늘려 양념과 무치세요(냉장 1주).

견과류
콩국수

> 친정 근처에 단골 콩국수집이 있어요. 집에서 그 맛을 내려니
> 콩을 불리고 삶는 과정이 너무 복잡해 엄두가 나지 않더라고요.
> 하지만 이 레시피대로면 간편하게 콩국수를 만들 수 있지요.
> 두부를 넣어 콩 특유의 비린내도 없고요. 이 한 그릇의 영양을
> 모두 흡수하려면 견과류를 갈아 넣은 국물은 남김없이 드세요.

마늘종 황태채무침 118쪽

초간단   고단백   고칼슘

2인분

- 소면 2줌(140g)
- 토마토 1/2개
  (또는 방울토마토 5개, 75g)
- 오이 1/3개
  (또는 파프리카 1/3개, 70g)
- 삶은 달걀 1개
- 햄프시드 1큰술
  (또는 통깨, 검은깨, 생략 가능)

국물

- 연두부 1팩(250g)
- 우유 3컵(600㎖)
- 견과류 1/4컵
  (땅콩, 호두, 아몬드 등, 25g)
- 소금 1작은술

연두부를 다른 두부로 대체하기
생식두부 2팩(280g)이나
두부 큰 팩 2/3모(찌개용, 200g)로
대체해도 좋아요. 이때, 생식두부는
그대로, 두부는 끓는 물에
데친 후 사용하세요.

1
믹서에 국물 재료를 넣고 곱게 간 후
냉장실에 차갑게 넣어 둔다.

2
토마토는 한입 크기로 썬다.
오이는 가늘게 채 썬다.
삶은 달걀은 2등분한다.
★ 재료 손질 전 소면 삶을 물 10컵을
끓이세요.

3
끓는 물에 소면을 넣고 센 불에서
2분 30초~3분간 저어가며 삶는다.
찬물에 헹군 후 물기를 뺀다.
★ 소면을 삶는 중간에 끓어 넘치려고
하면 찬물 1/2~1컵을 넣고 끓여요.

4
그릇에 모든 재료를 담는다.

아삭 채소
매실청 메밀국수

❝ 둘째 아이를 임신했을 때 유독 메밀국수가 당겼어요. 예정일 전 마지막 외식 메뉴도 메밀국수였을 정도로요.
신기하게도 입덧이 심할 때 저처럼 메밀국수를 먹었다는 임신부들이 많더라고요. 하지만 사 먹는 메밀국수는
영양이 빈약해요. 별다른 재료 없이 면을 소스에 적셔 먹는 것이 전부니까요. 매실청 메밀국수는
이러한 메밀국수의 단점을 보완한 요리지요. 여기에 생식 두부를 곁들이면 맛, 영양 균형이 더욱 좋아져요.
레몬즙을 뿌려 상큼하게 먹어도 맛있었어요.

초간단　　입덧완화　　빈혈예방　　변비탈출

2인분

- 메밀면 2줌(140g)
- 적양배추 4장
  (손바닥 크기, 120g)
- 오이 1/2개(100g)
- 파프리카 1/2개(100g)
- 양파 1/4개(50g)
- 깻잎 5장(10g, 생략 가능)

소스

- 양조간장 3큰술
- 식초 1/2큰술(기호에 따라 가감)
- 매실청 1과1/2큰술
- 올리고당 1과 1/2큰술
- 참기름 1/2큰술
- 통깨 약간

1

적양배추, 오이, 파프리카,
양파, 깻잎은 가늘게 채 썬다.

＊ 깻잎 채 써는 법 51쪽 참고
＊ 채소 손질 전 메밀면 삶을 물
10컵을 끓이세요.

2

양파는 찬물에 담가 매운맛을 없앤 후
체에 밭쳐 물기를 뺀다.

3

끓는 물에 메밀면을 넣고 센 불에서
2분 30초~3분간 저어가며 삶는다.
찬물에 헹군 후 물기를 뺀다.

＊ 메밀면을 삶는 중간에
끓어 넘치려고 하면
찬물 1/2~1컵을 넣고 끓여요.

 Tip

채소를 다른 재료로 대체하기
동량(370g)의 당근, 양배추, 양상추 등
아삭한 채소로 대체해도 좋아요.

단백질을 더해 영양균형 맞추기
생식두부, 연두부, 삶은 닭가슴살 등을
마지막에 곁들여도 좋아요.

4

그릇에 모든 재료를 담고
소스를 곁들인다.

해물
우동샐러드

❝ 새콤달콤한 맛은 울렁거림을 완화시키고
입맛을 돋우지요. 임신부에게 해물 우동샐러드를
추천하는 이유이기도 해요. 우동면, 해산물, 채소가
입안 가득 퍼져 매우 산뜻할 거예요.
채소를 푸짐하게 넣어 가벼운 한 끼를 차려 보세요.

2인분

- 우동면 2팩(400g)
- 오징어 1/2마리
  (140g, 손질 후 90g)
- 냉동 생새우살 8마리
  (킹사이즈, 120g)
- 양상추 4장(손바닥 크기, 60g)
- 치커리 1/2줌(25g)
- 양파 1/4개(50g)
- 적양배추 1과 1/2장
  (손바닥 크기, 또는 양배추, 45g)
- 방울토마토 6개(90g)

드레싱

- 다진 마늘 1큰술
- 양조간장 2큰술
- 식초 1큰술
- 올리고당 2큰술
- 올리브유 3큰술
- 들기름 1큰술
- 연겨자 1작은술
  (또는 연와사비, 기호에 따라 가감)

오징어, 생새우살을 다른 재료로 대체하기
동량(약 200g)의 다른 해물,
냉동 해물믹스로 대체해도 좋아요.
냉동 해물믹스는 찬물에 담가 해동한 후
과정 ③부터 진행해요.

채소를 다른 재료로 대체하기
동량(180g)의 파프리카, 어린잎 채소,
당근, 오이 등으로 대체해도 좋아요.

1
냉동 생새우살은 해동한다.
양상추, 치커리는 한입 크기로 썬다.
양파, 적양배추는 가늘게 채 썬다.
방울토마토는 2등분한다.

2
오징어는 손질한 후 몸통은 0.5cm 두께로
썰고, 다리는 3cm 길이로 썬다.
★ 오징어 손질법 50쪽 참고
★ 오징어 손질 전 해물 삶을 물 3컵을
끓이세요.

3
끓는 물에 오징어, 생새우살을 넣고
센 불에서 1분 30초~2분간 삶은 후
체로 건져낸다.
이때, 물은 그대로 끓인다.

4
끓는 물에 우동면을 넣고
풀어가며 센 불에서 2분간 삶는다.
찬물에 헹군 후 물기를 뺀다.

5
모든 재료를 섞는다.

카프레제
냉파스타

15~20 min

파프리카 피클 116쪽

> 토마토, 모짜렐라 치즈, 바질을 넣은 이탈리아 카프리섬의 요리, 카프레제를 파스타에 접목했어요.
> 차갑고 상큼해서 입덧이 심한 초기에 제격이지요. 특히 칼슘이 풍부한 유제품을 충분히 먹을 수 있어 좋아요.
> 토마토를 씹는 식감과 살캉살캉한 치즈, 향긋한 바질의 궁합은 말할 것도 없고요.

초간단　　입덧완화　　숙면　　고칼슘

2인분

- 통밀 펜네 2컵
  (또는 통밀 푸실리, 140g)
- 바질 10장
  (또는 시금치 1/3줌, 약 16g)
- 방울토마토 10개
  (또는 토마토 1개, 150g)
- 생 모짜렐라 치즈 1개
  (또는 리코타 치즈, 스트링 치즈, 120g)

드레싱

- 발사믹식초 3큰술
- 올리고당 1큰술
- 올리브유 4큰술
- 소금 1/2작은술
- 다진 마늘 1작은술
- 통후추 간 것 약간

1
방울토마토는 2등분한다.
생 모짜렐라 치즈는
한입 크기로 썬다.
★ 재료 손질 전 펜네 삶을 물
(물 10컵 + 소금 2큰술)을 끓이세요.

2
끓는 물에 통밀 펜네를 넣고 포장지에
적힌 시간에서 1분을 더 삶은 후
찬물에 헹궈 물기를 뺀다.
★ 차가운 샐러드로 먹을 때는
포장지에 표기된 시간보다
더 익혀야 딱딱하지 않고
드레싱이 속까지 잘 배어요.

3
드레싱을 섞는다.

4
모든 재료를 섞는다.

부추 페스토 파스타

❝ 엽산이 풍부한 부추. 요리를 하려니 부추김치밖에 떠오르지 않는다고요? 부추로 페스토를 만들어 이국적인 파스타로 즐겨보세요. 믹서에 재료를 넣고 갈아서 페스토를 만든 후 파스타와 버무리면 돼요. 간단하죠? 반찬으로만 먹던 부추도 임신부의 눈으로 보면 더 특별하고 맛있는 요리로 탄생할 수 있답니다.

2인분

- 스파게티 2줌(160g)
- 쇠고기 샤부샤부용
  (또는 불고기용, 훈제 오리) 200g
- 어린잎 채소 1줌
  (또는 샐러드 채소, 20g)

부추 페스토

- 부추 1줌(또는 시금치, 50g)
- 청양고추 1/2개(기호에 따라 가감)
- 마늘 2쪽(10g)
- 잣(또는 다른 견과류) 1큰술
- 파마산 치즈가루 1큰술
- 레몬즙 1큰술
- 소금 1/2작은술
- 올리고당 2작은술
- 올리브유 1/4컵(50㎖)

1
부추, 청양고추는 한입 크기로 썬다.
믹서에 부추 페스토 재료를
넣고 간다.
★ 채소 손질 전 스파게티 삶을 물
(물 10컵 + 소금 2큰술)을 끓이세요.

2
끓는 물에 스파게티를 넣고
포장지에 적힌 시간대로
삶은 후 건져낸다.
이때, 물은 그대로 끓인다.

3
끓는 물에 쇠고기를 넣고
센 불에서 30초~1분간 삶은 후
체에 밭쳐 물기를 뺀다.

4
스파게티, 쇠고기를 부추 페스토와
버무려 그릇에 담는다.
어린잎 채소를 올린다.

색다르게 즐기기
매콤한 맛을 원한다면 고춧가루를,
고소한 맛을 원한다면
파미산 치즈가루를 넣으세요.

제철 과일 요거볼

+ 바나나잼 토스트

> 간편한 아침 식사로 제격이에요. 단백질과
> 칼슘이 풍부한 그릭 요구르트에 오메가3가
> 풍부한 아마시드, 햄프시드, 제철 과일을
> 올리기만 하면 되니까요. 요거볼만으로는
> 허기가 채워지지 않는다면 3분이면
> 완성되는 바나나잼 토스트를 곁들이세요.
> 단, 카페인이 많은 카카오닙스는
> 적당량만 뿌리고요.

제철 과일 요거볼

2인분

· 떠먹는 그릭 요구르트 4통(340g)

토핑

· 다진 제철 과일 1컵
　(오렌지, 딸기, 블루베리 등)
· 아마시드 2작은술
　(기호에 따라 가감)
· 햄프시드 2작은술
　(기호에 따라 가감)
　✱ 아마시드를 갈거나 부숴 넣으면
　부드러운 식감과 고소한 맛이
　한층 올라가요.

1

그릭 요구르트에 토핑을 올린다.

바나나잼 토스트

2인분

· 곡물 식빵 2장
· 바나나 2개
· 카카오닙스 약간

1

바나나는 껍질을 벗긴다.
내열용기에 넣고 전자레인지에 1분
30초, 뒤집어 1분 30초간 돌린다.
포크로 곱게 으깬다.

2

달군 팬에 곡물 식빵을 올려
중약 불에서 앞뒤로
각각 1분~1분 30초씩 굽는다.
✱ 토스터에 구워도 좋아요.

3

곡물 식빵에 바나나잼,
카카오닙스를 올린다.

달걀 브로콜리 오픈 샌드위치

> 이 샌드위치는 브로콜리를 더 맛있고 다양하게 즐기려는 고민 끝에 탄생했어요. 양파 소스에 브로콜리와 삶은 달걀을 버무려 빵에 발랐답니다. 양파 소스의 알싸한 향과 촉촉한 식감이 브로콜리 특유의 맛을 잡아준 덕분에 브로콜리를 싫어하는 사람도 몇 개씩 먹을 수 있어요. 특히 이 양파 소스는 다양한 채소와 궁합이 좋아 샐러드 드레싱으로도 활용할 수 있어요.

초간단　　입덧완화　　변비탈출　　고단백

2인분

- 곡물빵(또는 곡물 식빵) 4장
- 브로콜리 1/3개(100g)
- 양파 1/4개(50g)
- 삶은 달걀 3개
- 통후추 간 것 약간

양파 소스

- 한입 크기로 썬 양파 1/4개(50g)
- 식초 2큰술
- 올리고당 1큰술
- 올리브유 3큰술
- 소금 1/2작은술
- 다진 마늘 1/2작은술

1

달군 팬에 곡물빵을 올려 중약 불에서
앞뒤로 각각 1분~1분 30초씩 굽는다.
양파는 잘게 다진다.
브로콜리는 사방 1cm 크기로 썬 후
끓는 물에서 1분간 데친 다음
찬물에 헹궈 물기를 없앤다.
★ 브로콜리 손질법 51쪽 참고

2

믹서에 양파 소스를 넣고 간다.

3

삶은 달걀은 굵게 으깬다.

4

양파 소스, 브로콜리, 양파,
삶은 달걀, 통후추 간 것을
섞은 후 곡물빵에 올린다.

브루스케타 삼총사

아보카도 달걀 · 딸기 캐슈너트 크림 · 오이 와사비 마요

" '아기가 배 속에 있는 시간을 만끽하라'는 말, 들어본 적 있지요? 그 뜻을 임신 중엔 몰랐는데
육아 시작과 동시에 알게 됐어요. 아이 챙기느라 여유로운 식사는 그림의 떡이 되거든요.
브루스케타는 일상의 특별함을 쉽게 선사하는 요리예요. 물론, 조리법도 간단해요. 버터처럼 고소한 아보카도
달걀, 영양이 가득한 딸기 캐슈너트 크림, 알싸한 오이 와사비 마요, 골라 먹는 재미도 있지요.
여기에 하나 더! 좋아하는 음악을 틀면 우아한 식사와 동시에 태교도 된답니다.

입덧완화   고단백

2인분
- 곡물빵 6장

아보카도 달걀
- 아보카도 1/2개(100g)
- 달걀 2개
- 식용유 1작은술
- 소금 약간

딸기 캐슈너트 크림
- 딸기 4개(또는 키위 1개, 약 80g)
- 불린 캐슈너트 1컵(100g)
  *캐슈너트는 잠길 만큼의 물에
  4시간 이상 불리세요.
- 무가당 두유 1/2컵(100mℓ)
- 발사믹 글레이즈 약간(생략 가능)

오이 와사비 마요
- 오이 1/4개(50g)
- 마요네즈 2큰술
- 연와사비 1/2작은술
  (기호에 따라 가감)
- 통후추 간 것 약간

Tip

캐슈너트 크림을 다른 재료로 대체하기
크림치즈 또는 떠먹는
그릭 요구르트로 대체해도 좋아요.

색다르게 즐기기
치아시드, 햄프시드 등을
토핑으로 뿌려도 좋아요.

1
달군 팬에 곡물빵을 올려
중약 불에서 앞뒤로
각각 1분~1분 30초씩 굽는다.
*토스터에 구워도 좋아요.

2
믹서에 불린 캐슈너트와
무가당 두유를 넣고 곱게 갈아
캐슈너트 크림을 만든다.
다른 볼에 마요네즈와
연와사비를 섞는다.

3
아보카도는 손질한 후 0.5cm 두께로
썬다. 딸기는 4~5등분한다.
오이는 필러로 길게 썬다.
*아보카도 손질법 50쪽 참고

4
달군 팬에 식용유를 두르고
달걀을 올려 중약 불에서 1분 30초간
반숙으로 익혀 덜어둔다.
곡물빵에 각각의 재료를 올린다.

샥슈카와 곡물빵

> 샥슈카(shakshuka)는 아랍어로 '아침 식사'라는 뜻이에요. 붉은 토마토 소스 속 달걀이 마치 지옥불에 빠진 것 같다고 하여 '에그 인 헬(egg in hell)'로도 불리지요. 토마토와 자투리 채소를 한데 넣고 뭉근하게 끓이면 되니 만드는 법이 어렵지 않지요. 살캉살캉한 채소를 곡물빵에 올려먹으면 속이 든든하답니다.

입덧완화 변비탈출 활력충전

2인분

- 곡물빵 4장
- 토마토 4개(600g)
- 애호박 1/2개(135g)
- 양파 1/2개(100g)
- 가지 1/2개(75g)
- 달걀 2개
- 올리브유(또는 식용유) 1큰술
- 다진 마늘 2큰술
- 월계수잎 1장(생략 가능)
- 소금 1작은술(기호에 따라 가감)
- 후춧가루 약간

1
애호박, 가지, 양파는
사방 1cm 크기로 썬다.
* 채소 손질 전 토마토 데칠 물
5컵을 끓이세요.

2
토마토는 데친 후 껍질을 벗겨
4~8등분한다.
* 토마토 데치는 법 50쪽 참고

3
달군 팬에 올리브유, 다진 마늘,
애호박, 양파, 가지를 센 불에서
2분간 볶는다. 토마토, 월계수잎을
넣고 중간 불로 줄여 10분간
주걱으로 으깨가며 익힌다.
소금, 후춧가루를 넣는다.

4
달걀을 넣어 뚜껑을 덮고
약한 불에서 1~2분간 익힌다.
곡물빵을 곁들인다.
* 달걀의 익힌 정도는
기호에 따라 가감하세요.

**애호박, 양파, 가지를
다른 채소로 대체하기**
동량(약 300g)의 브로콜리, 당근, 양배추,
파프리카 등으로 대체해도 좋아요.

훈제오리 콩나물 냉채와 또띠야쌈

임신 중 오리고기를 먹지 말라던 과거와 달리 요즘엔 오리고기를 추천하는 추세예요. 불포화지방산과 아미노산, 칼슘과 비타민이 풍부하기 때문이지요. 저는 유기농 매장에서 판매하는 저염 제품을 많이 구입했답니다. 통밀 또띠야에 새콤한 콩나물냉채를 싸서 탄수화물은 줄이고 조금 더 근사하게 먹을 수 있어요.

2인분

- 통밀 또띠야(8인치) 2장
- 콩나물 4숨(200g)
- 훈제오리 슬라이스
  (또는 차돌박이) 200g
- 오이 1/2개(또는 양파, 100g)

소스

- 식초 2큰술
- 올리고당 2큰술
- 검은깨(또는 통깨) 2작은술
- 소금 1작은술
- 연겨자 1작은술(또는 연와사비, 생략 가능)

1

오이는 가늘게 채 썬다.

* 오이 손질 전 콩나물 삶을 물
5컵을 끓이세요.

2

끓는 물에 콩나물을 넣고
센 불에서 4분간 삶는다.
찬물에 헹군 후 물기를 뺀다.

3

달군 팬에 또띠야를 넣고
약한 불에서 1분간 뒤집어가며
구운 후 2~4등분한다.

* 전자레인지에서 20~30초간
데워도 좋아요.

4

달군 팬에 훈제오리를 넣고
중간 불에서 1분 30초~2분간
뒤집어가며 노릇하게 굽는다.
키친타월에 올려 기름기를 없앤다.

Tip

엽산을 더해 영양 균형 맞추기
엽산이 풍부한 깻잎,
구운 김을 곁들여도 좋아요.

색다르게 즐기기
통밀 또띠야를 구운 김으로 대체하고
밥 2/3공기(150g)를 곁들여도 좋아요.

5

콩나물, 오이, 소스를 버무린다.
훈제오리, 또띠야를 곁들인다.

버섯 시금치오믈렛

+ 시트러스 스무디

❝ 버섯, 감자, 시금치, 달걀.
이 모두 너무나 친숙한 재료들이지요?
버섯 시금치오믈렛은 이처럼
일상적인 재료만으로도 담백한 맛을
냈어요. 달걀에 평소 즐겨먹는 소스를
곁들여도 좋답니다. 참, 시트러스
스무디까지 한 잔 곁들이면 우리 집이
곧, 유명 브런치 카페가 돼요.

버섯 시금치오믈렛

2인분

- 양송이버섯 5개
  (또는 다른 버섯, 100g)
- 감자 1/3개
  (또는 당근 1/3개, 약 70g)
- 시금치 1줌
  (또는 참나물 1줌, 50g)
- 식용유 1/2큰술 + 1/2큰술
- 소금 약간
- 후춧가루 약간

달걀물

- 달걀 3개
- 소금 약간

새콤한 맛으로 입덧 완화하기
토마토 드레싱(164쪽 참고)를
더해도 좋아요.

1
감자는 가늘게 채 썰어 잠길 만큼의
물에 담가 5분간 둔 후 물기를
완전히 뺀다. 달걀물을 섞는다.

2
양송이버섯은 0.5cm 두께로 썬다.
시금치는 2~3등분한다.

3
달군 팬에 식용유 1/2큰술, 감자를
넣고 중간 불에서 1분,
버섯, 시금치, 소금, 후춧가루를 넣고
1분간 볶은 후 덜어둔다.

4
팬을 닦은 후 다시 달궈 식용유
1/2큰술을 두르고 달걀물을 펼친 후
중약 불에서 1분, ③을 올린 후
반으로 접어 1분간 익힌다.

시트러스 스무디

2인분

- 자몽 2개(900g)
- 오렌지 2개(600g)
- 꿀 2큰술(기호에 따라 가감)
- 얼음 약간

1
자몽, 오렌지는 과육만 발라낸 후
한입 크기로 썬다.
믹서에 모든 재료를 넣고 곱게 간다.
★ 과육 발라내는 법 50쪽 참고

부추 프리타타

❝ 남은 부추로 '무얼 해 먹을까?' 하는 궁리 끝에 만든 프리타타(frittata)에요. 간편할 뿐만 아니라 자투리 채소도 활용할 수 있어 즐겨 먹었던 요리 중 하나랍니다. 특히, 임신부에게 좋은 부추가 달걀을 더욱 촉촉하게 해줘서 입에 착 붙어요. 토마토의 과육이 중간중간 톡톡 터져서 맛이 훨씬 더 풍부하답니다.

2인분

- 양파 1/2개
  (또는 파프리카, 100g)
- 토마토 1/2개
  (또는 방울토마토 6개, 75g)
- 부추 1줌(또는 시금치, 50g)
- 베이컨 2장(28g)
- 올리브유(또는 식용유) 1작은술
- 통후추 간 것 약간

달걀물

- 달걀 3개
- 파마산 치즈가루 1큰술
- 소금 1/2작은술(기호에 따라 가감)
- 우유 1/2컵(100㎖)

1

양파, 토마토는 사방 2cm 크기로
썬다. 부추는 한입 크기로 썬다.

2

베이컨은 1cm 두께로 썬다.
달걀물을 섞는다.

★ 베이컨은 끓는 물에 살짝 데쳐서
사용해도 좋아요.

3

달군 팬에 올리브유, 베이컨, 양파를
넣고 센 불에서 30초,
토마토, 부추를 넣고 30초간 볶는다.

4

달걀물을 넣고 섞은 후 펼친다.
뚜껑을 덮고 가장 약한 불에서
3~5분, 불을 끄고 1분간 그대로 둔다.
통후추 간 것을 넣는다.

키위 살사
연어스테이크

> 생선을 일주일에 2회 정도 먹은 엄마의 아이가 그렇지 않은 아이보다 시공간·언어 분야 평가에서 더 높은
> 점수를 받았다는 연구 결과가 있어요. 오메가3가 풍부한 생선이 임신 중에 얼마나 중요한지를 알려주는
> 결과이지요. 하지만 냄새 때문에 먹기 꺼려질 수 있답니다. 그럴 땐 오븐이나 종이 포일을 활용하세요.
> 노릇하게 구운 연어에 엽산이 풍부한 키위 살사를 곁들이면 영양은 물론, 폼 나는 요리가 완성!

저염 저탄수화물 고단백 고칼슘

3인분

- 연어 1토막
  (또는 대구살, 스테이크용, 500g)
- 레몬즙 1큰술(생략 가능)

밑간

- 올리브유 1큰술
- 소금 1/2작은술
- 통후추 간 것 약간

키위 살사

- 키위 3개(270g)
- 파프리카 1/2개(100g)
- 청양고추 1개(기호에 따라 가감)
- 레몬즙 1큰술
- 올리고당 1큰술
- 올리브유 1/2큰술
- 소금 1/3작은술
- 통후추 간 것 약간

1

연어는 밑간과 버무린다.

★ 연어 밑간한 후 오븐을
180℃로 예열하세요.

2

키위, 파프리카는 굵게,
청양고추는 잘게 다진다.

3

키위 살사를 섞는다.

4

종이 포일을 깐 오븐 팬에 연어를
올린다. 예열한 오븐의 가운데 칸에서
15~20분간 노릇하게 굽는다.

5

구운 연어에 레몬즙을 뿌리고
키위 살사를 곁들인다.

 Tip

키위, 파프리카를 다른 재료로 대체하기
다진 과일 2컵(딸기, 파인애플, 오렌지,
자몽 등, 200g)으로 대체해도 좋아요.

103

토마토 가스파초

+ 단호박버무리

가스파초(gazpacho)는 시원하게 즐기는 스페인식 냉수프예요. 처음 한입은 다소 생소할 수 있지만
먹을수록 가뿐하고 신선해서 그 맛에 중독된답니다. 점점 익숙해지고 즐기게 되었다면
삶은 소면을 더하거나 구운 빵을 곁들여도 좋아요. 풍미를 올리고 싶다면 올리브유를 약간 넣어 주세요.

초간단　　변비탈출　　저염

토마토 가스파초

2인분

- 토마토 2개
  (또는 방울토마토 20개, 300g)
- 파프리카 1/2개(100g)
- 오이 1/2개(100g)
- 양파 1/4개(50g)
- 셀러리 15cm
- 레몬즙 1큰술
- 소금 1작은술
- 후춧가루 약간

1
토마토, 파프리카, 오이, 양파,
셀러리는 한입 크기로 썬다.

2
믹서에 모든 재료를 넣고 곱게 간다.
＊ 얼음과 함께 갈거나 냉장실에
두었다가 차갑게 먹어도 좋아요.

단호박버무리

2인분

- 단호박 1/2개(400g, 손질 후 300g)
- 통조림 강낭콩 3큰술(생략 가능)
- 올리고당 1큰술(기호에 따라 가감)

1
단호박은 껍질을 벗겨 한입 크기로
썬다. 내열용기에 단호박,
물 1큰술을 넣고 뚜껑을 덮어
전자레인지에서 5~6분간 익힌다.

2
단호박을 으깬다.

3
모든 재료를 섞는다.

렌틸콩
찹샐러드

❝ 저는 첫째의 태명을 콩콩이라고 지었어요. '태어나면 콩콩 뛰어다니겠네'라는 가족들의 말과 콩처럼 알차게
자라길 바라는 마음에서요. 그래서인지 콩을 보면 더 애착이 가고 콩을 넣은 요리는 기분 좋게 먹었어요.
슈퍼곡물로 각광받는 렌틸콩은 고소하고 부드러워서 샐러드 재료로 훌륭하지요. 이 한 그릇이면 체력 충전에 최고!

입덧완화　　변비탈출　　저염

2인분

- 렌틸콩 1/2컵
  (또는 다른 슈퍼곡물, 75g)
- 토마토 1개(150g)
- 오이 1/2개(100g)
- 파프리카 1/2개(100g)
- 적양파 1/4개(또는 양파, 50g)
- 페타치즈 50g
  (또는 스트링치즈 2개)
- 블랙올리브 4개

드레싱

- 레몬즙 1큰술
- 식초 1큰술
- 올리고당 1큰술
- 올리브유 3큰술
- 파슬리가루 1/2작은술(생략 가능)
- 소금 약간
- 후춧가루 약간

1
끓는 물에 렌틸콩을 넣고
중간 불에서 10분간 삶은 후
체에 밭쳐 찬물에 헹궈 물기를 뺀다.

2
토마토, 오이, 파프리카, 적양파,
페타치즈는 사방 1cm 크기로 썰고,
블랙올리브는 3~4등분한다.

3
모든 재료를 섞는다.

 Tip

렌틸콩 종류별로 삶기
끓는 물에 넣고 중간 불에서
레드 렌틸콩은 10분,
그린 렌틸콩과 브라운 렌틸콩은
20분간 삶아요.

머스터드 드레싱
메추리알 감자샐러드

입덧 완화에 효과적인 엽산이 메추리알에 풍부하다는 말을 듣고 브로콜리, 감자와 함께 드레싱에
버무렸는데 저와 아이, 모두의 입에 딱 맞더라고요! "엄마, 메추리알 주세요. 이번엔 브로콜리도요!" 하며
아기 새처럼 받아먹는 아이를 보는 것만으로도 배가 부릅니다. 탄수화물, 단백질, 지방과 식이섬유까지
모든 영양소가 골고루 갖춰졌으니 재료를 빠짐없이 넣으세요.

2인분

- 감자 2개(400g)
- 브로콜리 1/2개(150g)
- 삶은 메추리알 8개
  (또는 삶은 달걀 2개, 80g)
- 적양파 1/4개(또는 양파, 50g)

머스터드 드레싱

- 양조간장 2큰술
- 식초 2큰술
- 레몬즙 1/2큰술
- 홀그레인 머스터드 1과 1/2큰술
- 매실청 1큰술
- 올리고당 2큰술
- 올리브유 2큰술

1

감자는 껍질을 벗긴 후 한입
크기로 썬다. 내열용기에 감자,
물 2큰술을 넣고 뚜껑을 덮어
전자레인지에서 5~6분간 익힌다.
✱ 감자 손질 전 브로콜리 데칠 물
(물 3컵 + 소금 1작은술)을 끓이세요.

2

브로콜리는 한입 크기로 썬 후
끓는 물에 넣고 센 불에서
1분간 데친다.
찬물에 헹군 후 물기를 뺀다.

3

적양파는 가늘게 채 썬다.

4

모든 재료를 섞는다.
✱ 감자가 뜨거울 때 섞어야
드레싱이 속까지 잘 배고
양파의 매운맛이 없어져요.

샤부샤부
대파샐러드

엽산이 풍부하고 단맛이
좋은 대파는 요리의 주인공으로
많은 양을 먹기가 어려운 게
사실이지요. 그렇다면 샐러드에
활용하는 건 어떨까요?
삶은 돼지고기에 대파채를 듬뿍
올려 깨 드레싱과 버무리는
거예요. 엽산이 풍부한 대파도
많이 먹고, 아기의 성장에 도움이
되는 고기도 담백하게
즐길 수 있답니다.

숙면　활력충전　고단백

2인분
- 냉동 대패삼겹살 200g
- 대파(흰 부분) 20cm
- 양상추 7장
  (손바닥 크기, 약 100g)
- 치커리 1/2줌(25g)
- 다진 견과류 3큰술

대패삼겹살 삶을 물
- 마늘 3쪽(15g)
- 대파 10cm
- 청주 1큰술
- 물 3컵(600㎖)

깨 드레싱
- 통깨 간 것 2큰술
- 양조간장 1큰술
- 매실청 2큰술
- 된장 1큰술(집 된장의 경우 2작은술)
- 올리브유 3큰술
- 소금 약간

비빔면으로 즐기기
깨 드레싱을 2배로 늘리고,
메밀면 2줌(140g, 51쪽 참고)을
삶은 후 모든 재료와 비벼요.

매콤하게 즐기기
깨 드레싱의 올리브유를
고추기름으로 대체해도 좋아요.

양상추, 치커리를 다른 채소로 대체하기
동량(125g)의 양파, 상추, 깻잎,
양배추 등으로 대체해도 좋아요.

1
대파는 가늘게 채 썬 후
찬물에 10분간 담가 매운맛을
없앤 다음 물기를 뺀다.
★ 대파 채 써는 법 51쪽 참고

2
양상추, 치커리는 한입 크기로 썬다.
★ 채소 손질 전 대패삼겹살 삶을 물을
끓이세요.

3
깨 드레싱을 섞는다.

4
끓는 물에 대패삼겹살을 넣고
센 불에서 30초~1분간 삶은 후
대패삼겹살만 건져낸다.
그릇에 모든 재료를 담는다.

111

그린·레드
스무디볼

10~15 *min*

> 저는 스무디 예찬론자예요. 새콤해서 입덧도
> 가라앉고, 풍부한 과채류가 영양소를 채워주고,
> 부종 같은 임신성 질환을 완화하는 등
> 임신부에게 있어 스무디의 장점을 말하자면
> 입이 아플 정도거든요. 만드는 법도 간단해서
> 남편이 자주 해줬는데요. 이 한 그릇이면
> 식사를 제때 챙기지 못해 아기에게 느꼈던 미안한
> 마음을 위로받는 기분이었답니다.

초간단　　입덧완화　　변비탈출　　저염

그린 스무디볼

2인분

- 쌈 케일 5장
  (또는 시금치, 쌈 채소, 50g)
- 바나나 1개(100g)
- 키위 2개(또는 오렌지 1개, 180g)
- 생수 1/2~3/4컵(100~150㎖)
- 그래놀라 2큰술(기호에 따라 가감)

1
쌈 케일, 바나나, 키위는
한입 크기로 썬다.

2
믹서에 키위 → 바나나 → 생수
순으로 넣어 1분, 쌈케일을 넣고
1분간 곱게 간다.
그릇에 담고 그래놀라를 올린다.

레드 스무디볼

2인분

- 사과 1/2개(100g)
- 적양배추 3장(손바닥 크기,
  또는 양배추 3장, 90g)
- 블루베리 1컵
  (또는 냉동 블루베리 1컵,
  딸기 5개, 100g)
- 생수 1/2컵(100㎖)

토핑

- 코코넛칩(또는 다른 견과류) 1큰술
- 한입 크기로 썬 제철 과일 적당량

1
사과는 소금으로 문질러 씻은 후
껍질째 한입 크기로 썬다.
적양배추는 한입 크기로 썬다.

2
믹서에 사과 → 블루베리 → 생수
순으로 넣어 1분, 적양배추를 넣고
1분간 곱게 간다.
그릇에 담고 토핑을 올린다.

생수를 다른 재료로 대체하기
동량(1/2~3/4컵)의 코코넛 워터, 아몬드밀크,
저지방우유, 무가당 두유로 대체해도 좋아요.

태교음식에 곁들이기 딱 좋은 밑반찬

주말에 넉넉하게 만들어 냉장 보관해두고 먹어요!

햄프시드 잔멸치볶음 냉장 1달

5~10분

잔멸치 2컵(120g), 식용유 2큰술, 올리고당 2큰술,
햄프시드(또는 통깨) 4큰술

1 달군 팬에 잔멸치를 넣고 중간 불에서 1분,
　식용유를 넣고 1분간 바삭하게 볶는다.

2 불을 끄고 올리고당, 햄프시드를 섞는다.

건새우 아몬드볶음 냉장 1달

5~10분

두절 건새우 2컵(60g), 아몬드 슬라이스 1/2컵(50g),
식용유 1큰술
양념 청주 1큰술, 양조간장 1큰술, 올리고당 3큰술

1 양념을 섞는다.

2 달군 팬에 건새우를 넣고 중간 불에서 1분,
　식용유를 넣고 1분간 바삭하게 볶는다.

3 양념, 아몬드 슬라이스를 넣고
　중간 불에서 1분간 볶는다.

짜지 않은 김치볶음

10~15분

익은 배추김치 2컵(300g), 양파 1/2개(100g),
들기름 1큰술 + 1큰술, 올리고당 1작은술(기호에 따라 가감)

1 배추김치는 양념을 씻어낸 후
　물기를 꼭 짜 2cm 두께로 썬다.
　양파는 굵게 채 썬다.

2 달군 팬에 들기름 1큰술, 배추김치, 양파,
　올리고당을 넣고 중간 불에서 2분간 볶는다.
　불을 끄고 들기름 1큰술을 섞는다.

어묵 마늘볶음

10~15분

어묵 200g, 마늘 20쪽(100g), 대파 20cm,
식용유 1/2큰술, 참기름 1작은술
양념 맛술 2큰술, 된장 1작은술, 후춧가루 약간

1 어묵은 한입 크기로 썰고, 마늘은 2등분한다.
　대파는 2cm 두께로 썬다. 양념을 섞는다.
　★어묵은 체에 밭쳐 끓는 물(3컵)을 끼얹어
　기름기를 제거한 후 사용해도 좋아요.

2 달군 팬에 식용유, 마늘을 넣어 약한 불에서 5분,
　어묵, 대파, 양념을 넣고 중간 불로 올려
　1분간 볶는다. 불을 끄고 참기름을 섞는다.

파프리카 피클

10~15분(+ 차게 식히기 2시간)

파프리카 2개(400g), 피망 2개(200g)
피클물 설탕 1컵, 물 2컵(400㎖), 식초 1컵(200㎖),
피클링 스파이스 1/2큰술(또는 통후추 1큰술 +
월계수잎 1장, 생략 가능), 소금 1작은술

1 파프리카, 피망은 한입 크기로 썬 후
　내열용기에 담는다.

2 냄비에 피클물을 넣고 센 불에서 끓어오르면
　설탕이 녹을 때까지 1분간 끓인다.

3 한 김 식힌 다음 ①에 붓는다.
　완전히 식힌 후 뚜껑을 닫아 냉장실에서
　2시간 이상 차게 두었다가 먹는다.

병아리콩 견과조림

5~10분(+ 병아리콩 불리기 6시간, + 조리기 15분)

병아리콩 1/2컵(80g, 또는 불린 병아리콩 1컵),
견과류 1/2컵(25g)
조림장 양조간장 4큰술, 올리고당 3큰술, 물 1컵(200㎖)

1 병아리콩, 3배 분량의 물을 담고 6시간 이상 불린다.
　✱ 병아리콩은 불린 후 냉동 보관해두면
　　필요할 때마다 요리에 활용할 수 있어요.

2 냄비에 병아리콩, 조림장을 넣고 센 불에서
　끓어오르면 중약 불로 줄여 15분간 조린다.

3 견과류를 넣고 센 불에서 저어가며
　국물이 2~3큰술 정도 남을 때까지 2~3분간 조린다.

브로콜리 메추리알장조림 냉장 2일

5~10분(+ 끓이기 10분)

삶은 메추리알 25개(250g), 브로콜리 1/2개(150g),
다시마 5×5cm 2장, 양조간장 2큰술, 맛술 1큰술, 물 1컵(200㎖)
양념 고춧가루 1/2큰술, 고추장 1과 1/2큰술,
올리고당 1큰술, 다진 마늘 2작은술

1 브로콜리는 한입 크기로 썬다. 양념을 섞는다.
   ＊재료 손질 전 브로콜리 데칠 물
   (물 3컵 + 소금 1작은술)을 끓이세요.

2 끓는 물에 브로콜리를 넣고 센 불에서
   30초간 데친 후 물기를 뺀다.

3 냄비에 메추리알, 다시마, 양조간장, 맛술, 물을 넣고
   센 불에서 끓어오르면 중간 불로 줄여 10분간 끓인다.

4 양념을 넣고 중간 불에서 2분,
   브로콜리를 넣고 1분간 저어가며 조린다.

버섯장아찌 냉장 1달

10~15분(+ 차게 식히기 2시간)

새송이버섯 4개(320g), 홍고추 1개,
청양고추 1개(기호에 따라 가감)
장아찌물 설탕 1/2컵, 물 3/4컵(150㎖),
양조간장 1/2컵(100㎖), 식초 1/3컵(약 65㎖)

1 새송이버섯, 홍고추, 청양고추는
   한입 크기로 썬 후 내열용기에 담는다.

2 냄비에 장아찌물을 넣고 센 불에서 끓어오르면
   설탕이 다 녹을 때까지 1분간 끓인다.

3 한 김 식힌 다음 ①에 붓는다.
   완전히 식힌 후 뚜껑을 닫아 냉장실에서
   2시간 이상 차게 두었다가 먹는다.

마늘종 황태채무침

10~15분(+ 황태채 불리기 10분)

마늘종 1줌(또는 쪽파 2줌, 100g), 황태채 2컵(40g)
양념 통깨 1큰술, 고춧가루 1큰술, 다진 마늘 1큰술,
올리고당 2큰술, 고추장 3큰술, 참기름 1큰술

1 마늘종은 4cm 길이로 썬다. 황태채는
  한입 크기로 자르고 잠길 만큼의 물에 담가
  10분간 불린 후 물기를 꼭 짠다.
  ★ 재료 손질 전 마늘종 데칠 물
  (물 4컵 + 소금 1작은술)을 끓이세요.

2 끓는 물에 마늘종을 넣고 센 불에서
  30초간 데친다. 찬물에 헹궈 물기를 뺀다.

3 양념을 섞은 후 마늘종, 황태채와 무친다.

쪽파 김무침

10~15분

쪽파 4줌(200g), 조미김 1/3컵(10g), 통깨 1작은술,
국간장 1작은술, 참기름 1작은술

1 쪽파는 4cm 길이로 썬 후 두꺼운 부분을 2등분한다.
  ★ 재료 손질 전 쪽파 데칠 물
  (물 4컵 + 소금 1/2작은술)을 끓이세요.

2 끓는 물에 쪽파를 넣고 센 불에서 30초간 데친다.
  찬물에 헹군 후 물기를 가볍게 짠다.

3 모든 재료를 무친다.

아삭이고추무침 냉장 2일

5~10분

아삭이고추 5~6개(약 100g)
양념 된장 2큰술(집 된장의 경우 1과 1/2큰술), 올리고당 1큰술,
들기름 1큰술, 다진 마늘 1작은술, 고추장 1작은술

1 아삭이고추는 한입 크기로 썬다.
2 양념을 섞는다. 먹기 직전에 아삭이고추와 무친다.

무말랭이 고춧잎무침 냉장 1달

5~10분(+ 무말랭이 불리기 30분 이상)

무말랭이 2와 1/2줌(100g), 말린 고춧잎 1/2줌(10g),
양조간장 2큰술
양념 고춧가루 2큰술, 다진 마늘 1큰술, 양조간장 1큰술,
액젓(멸치 또는 까나리) 1큰술, 올리고당 3큰술, 참기름 1큰술

1 무말랭이, 말린 고춧잎, 양조간장,
  잠길 만큼의 물을 부어 30분 이상 불린 후
  물기를 꼭 짠다.
2 양념을 섞은 후 무말랭이, 고춧잎과 무친다.

중기 임신부를 위한 태교음식

임신 4개월부터 7개월까지

입덧이 끝나고 식욕도 돌아오면서 식사량이 늘기 시작하는 시기예요.
하지만 급격한 체중 증가는 임신 중독, 난산 등 아기와 엄마에게
좋지 않은 영향을 줄 수 있으니 염분, 열량, 단백질 섭취에 신경 써야 해요.
중기 태교음식은 열량이 지나치게 높지 않으면서 저염, 고단백 식이에
중점을 두어 구성했습니다. 아기의 신체 발달 및 엄마의 빈혈 예방을 위해
철분도 챙겼답니다.

이런 태교음식을 실었어요!

1 ___ 고단백 식단으로 구성했어요. 단백질은 임신의 전 기간에 걸쳐 매우 중요한
영양소이지요. 열량 조절을 위해 고기 외에도 생선, 콩류를 다양하게 활용했어요.

2 ___ 철분이 풍부한 곁들임 음식을 소개했어요. 영양소를 일일이 계산하기 어렵다면
밑반찬(114쪽 참고)을 식사 때마다 곁들여도 좋아요.

3 ___ 철분제를 먹으면 심해지는 변비 개선을 위해 채소, 버섯, 해조류 등으로
식이섬유를 챙겼어요. 가벼운 샐러드와 샌드위치부터 채소가 푸짐한 잡채,
뜨끈한 전골까지 다양하게 즐겨 보세요.

바지락 쑥갓
비빔밥

어묵 마늘볶음 115쪽

중기에 접어드니 몸과 마음이
안정되고 식욕도 돌아왔지요?
이제부터는 특히 철분 섭취에
신경 써야 해요. 이 요리는
'철분'하면 빼놓을 수 없는 바지락에
향긋한 쑥갓, 그리고 달콤하고
아삭한 사과까지 넣어 영양과 맛
모두 우수한 비빔밥이에요. 입안에서
어우러지는 풍미를 느껴볼까요?

2인분

- 따뜻한 현미밥 1과 1/2공기
  (또는 잡곡밥, 300g)
- 바지락살 1과 1/2컵
  (또는 홍합살, 200g)
- 사과 1/2개(100g)
- 쌈 채소 50g
- 쑥갓 1/2줌(25g)

바지락살 삶을 물

- 대파 10cm
- 청주 2큰술
- 물 3컵(600㎖)

양념장

- 통깨 1큰술
- 식초 3큰술
- 올리고당 2큰술
- 고추장 2큰술
- 참기름 2큰술
- 고춧가루 2작은술

1
쌈 채소, 쑥갓은 한입 크기로 썬다.
✱ 재료 손질 전 바지락살 삶을 물을
끓이세요.

2
사과는 소금으로 문질러 씻은 후
껍질째 가늘게 채 썬다.
양념장을 섞는다.

3
바지락살 삶을 물이 끓어오르면
바지락살을 넣고 센 불에서 1분간
삶는다. 체에 밭쳐 물기를 뺀다.

4
그릇에 모든 재료를 담고
양념장을 곁들인다.
✱ 조미김을 더해도 좋아요.

부추 양념장 뿌리채소밥
+ 달걀찜

❝ 땅속 에너지를 품은 따끈한 뿌리채소밥에 부추 양념장을 비벼 한 그릇 뚝딱 먹으면 어찌나 든든한지요.
여기에 포근한 달걀찜까지 곁들이면 엄마 품이 절로 생각난답니다. 뿌리채소와 달걀찜, 엄마의 따스한 정이 느껴지는
이 요리는 예비 엄마의 하루에 큰 힘을 줄 거예요. 참, 뿌리채소는 연근, 당근, 우엉 중 하나만 사용해도 좋아요.

부추 양념장 뿌리채소밥

2인분

- 멥쌀 1컵(160g, 불린 후 200g)
- 현미 1/2컵(80g, 불린 후 100g)
- 연근 지름 5cm, 길이 3cm(50g)
- 표고버섯 2개(50g)
- 당근 1/4개(50g)
- 우엉 지름 2cm, 길이 15cm(30g)
- 다시마 5×5cm 2장
- 물 2컵(400㎖)

부추 양념장

- 송송 썬 영양부추 1/2줌
  (또는 부추, 25g)
- 송송 썬 풋고추 1개
- 통깨 1큰술
- 고춧가루 1큰술
- 양조간장 3큰술
- 식초 1/2큰술
- 매실청(또는 올리고당) 1/2큰술
- 참기름 1/2큰술

1
연근은 껍질을 벗긴 후
0.3cm 두께로 썬다.
★ 재료 손질 전 멥쌀, 현미는
물에 담가 30분간 불린 후
체에 밭쳐 물기를 빼주세요.

2
우엉은 껍질을 벗긴 후
표고버섯, 당근과 굵게 다진다.
★ 연근, 우엉의 갈변 방지를 위해
식초 물(잠길 만큼의 물 +
식초 2~3방울)에 담가 두세요.

3
전기밥솥에 모든 재료를 넣고
취사한다. 부추 양념장을 곁들인다.

달걀찜

2인분

- 달걀 3개
- 물 1컵(200㎖)
- 다시마 5×5cm 2장
- 소금 약간

1
냄비에 물, 다시마, 소금을 넣고
센 불에서 끓어오르면
다시마를 건져낸다.

2
달걀을 푼 후 조금씩 넣어가며
중간 불에서 3분간 몽글몽글하게
끓인다. 위아래로 섞은 후 뚜껑을 덮고
약한 불로 줄여 2분간 익힌다.

된장 소스
구운 채소덮밥

재료가 많아서 복잡해 보인다고요? 한입 크기로 썬 채소를 한데 모아 굽기만 하면 돼요.
채소는 냉장고 속 상황에 따라, 기호에 따라 무궁무진하게 응용할 수 있지요. 저는 살강살강한 맛이 좋은
방울토마토를 꼭 넣는답니다. 채소들의 조화로운 맛에 배 속 아기가 마구 태동을 해댈지도 몰라요!

변비탈출 활력충전

2인분

- 따뜻한 현미밥 1과 1/2공기
  (또는 잡곡밥, 300g)
- 모둠 채소 300g(파프리카,
  방울토마토, 애호박, 가지, 버섯 등)
- 두부 큰 팩 1/3모(부침용, 100g)
- 올리브유 2큰술
- 소금 약간
- 후춧가루 약간
- 녹말물(물 2큰술 + 감자전분 2작은술)

된장 소스

- 팽이버섯 2줌(100g)
- 풋고추 2개
- 대파 10cm
- 양조간장 2큰술
- 된장 1큰술(집 된장의 경우 2작은술)
- 참기름 1작은술
- 다시마 5×5cm 2장
- 물 1과 1/2컵(300㎖)

오븐을 팬으로 대체하기
달군 팬에 과정 ②의 재료를 넣고
중약 불에서 8~10분간
뒤집어가며 구우세요.

1
모둠 채소, 두부는 한입 크기로 썬다.
＊재료 손질 전 오븐은 200℃로
예열하세요.

2
종이 포일을 깐 오븐 팬에 ①을 올려
올리브유, 소금, 후춧가루를 뿌린다.
예열한 오븐의 가운데 칸에서
10~15분간 노릇하게 굽는다.

3
팽이버섯, 풋고추, 대파는 송송 썬다.

4
냄비에 ③을 제외한 된장 소스 재료를
넣고 센 불에서 끓어오르면
③을 넣어 1분, 녹말물을 넣고
저어가며 2분간 끓인다. 다시마를
건진다. 그릇에 밥과 함께 담는다.
＊녹말물은 굳지 않도록 넣기 전에
한 번 섞으세요.

깐풍 소스
닭가슴살덮밥

❝ 중기에 접어드니 배가 불룩해지고 제법 임신부다워졌습니다. 지금부터는 체중에 대한 강박관념을 살짝
내려놓으세요. 건강하게 조리해 맛있게 즐기는 습관을 만들어 보는 거죠. 깐풍 소스 닭가슴살덮밥은
이러한 습관을 들이기에 좋은 요리예요. 기존의 깐풍기는 기름기가 많아 부담스럽잖아요.
깐풍 소스에 닭가슴살을 조린 후 새콤달콤하게 즐겨보세요. 수분이 많은 양상추를 곁들여 훨씬 가볍답니다.

변비탈출　　활력충전　　고단백

2인분

- 따뜻한 현미밥 1과 1/2공기
  (또는 잡곡밥, 300g)
- 닭가슴살 2쪽
  (또는 닭안심 8쪽, 200g)
- 파프리카 1개(200g)
- 양상추 1/4통
  (또는 샐러드 채소, 약 110g)
- 양파 1/4개(50g)
- 청양고추 1개
- 식용유 1큰술

깐풍 소스

- 다진 마늘 1큰술
- 식초 2큰술
- 맛술 2큰술
- 양조간장 2큰술
- 물 1큰술
- 올리고당 2큰술

밑간

- 소금 약간
- 후춧가루 약간

Tip

샐러드로 즐기기
재료의 밥을 생략하고
양상추(또는 샐러드 채소)를
1/3통(약 150g)으로 늘려요.

1
깐풍 소스를 섞는다.
닭가슴살은 한입 크기로 썬 후
밑간과 버무린다.

2
양상추는 큼직하게 썬다.
파프리카, 양파, 청양고추는
잘게 다진다.

3
달군 팬에 식용유, 닭가슴살을 넣어
중간 불에서 4분간 뒤집어가며
노릇하게 굽는다.

4
깐풍 소스를 넣고 중간 불에서
끓어오르면 파프리카, 양파,
청양고추를 넣고 2~3분간
바싹 볶는다. 그릇에 밥과 함께
담고 양상추를 곁들인다.

담백 마파
순두부덮밥

신혼 초, 미국에서 살 때 마파두부를 참 많이 해 먹었어요. 마트가 멀어 집에 있던 고추장과 된장으로
직접 소스를 만들었는데 장 특유의 구수한 맛이 일품이더라고요. 직접 만드니 건강에도 좋고요.
두부 대신 순두부를 큼직하게 넣은 덕분에 열량 부담도 적고 더 간편하게 즐길 수 있지요.

빈혈예방 변비탈출 고단백

2인분

- 따뜻한 현미밥 1과 1/2공기
  (또는 잡곡밥, 300g)
- 순두부 1봉(350g)
- 다진 돼지고기
  (또는 다진 쇠고기) 200g
- 애호박 1/3개(90g)
- 양파 1/4개(50g)
- 대파 10cm
- 식용유 1큰술
- 물 1컵(200㎖)
- 녹말물(물 2큰술 + 감자전분 1큰술)
- 들기름(또는 참기름) 1/2큰술

마파 소스

- 고춧가루 2큰술
- 다진 마늘 1큰술
- 양조간장 2와 1/2큰술
- 된장 1큰술
  (집 된장의 경우 2작은술)
- 고추장 1/2큰술
- 올리고당 2작은술
- 후춧가루 약간

1
애호박, 양파는 사방 1cm 크기로
썰고, 대파는 송송 썬다.
마파 소스를 섞는다.

2
달군 팬에 식용유, 애호박, 양파,
대파를 넣고 센 불에서 2분,
다진 돼지고기를 넣고 4분간 볶는다.

3
마파 소스, 물을 넣고 중간 불에서
끓어오르면 순두부를 넣어
숟가락으로 가른다. 녹말물을 넣고
10초간 저어가며 끓인다.
★ 녹말물은 굳지 않도록 넣기 전에
한 번 섞으세요.

4
불을 끄고 들기름을 넣는다.
그릇에 밥과 함께 담는다.

애호박, 양파를 다른 채소로 대체하기
동량(140g)의 양배추, 당근, 배추,
피망 등으로 대체해도 좋아요.

돼지고기 양배추볶음밥

이 요리는 참 매력적이에요. 보통의 김치볶음밥에 비해
기름기가 적거든요. 게다가 담백하면서 개운하고,
조미김으로 간을 맞춰 감칠맛도 좋지요. 마치 할머니가
만들어주시던 김치볶음밥 같은 향수 어린 맛이랍니다.
조리시간을 줄여 양배추와 애호박을 아삭하게 즐겨도 좋지요.

초간단 숙면

2인분

- 현미밥 1과 1/2공기
  (또는 잡곡밥, 300g)
- 돼지고기 불고기용 200g
- 익은 배추김치 1컵(150g)
- 양배추 3장(손바닥 크기, 90g)
- 애호박 1/3개(90g)
- 식용유 1큰술
- 조미김 1/2컵(15g)

1

배추김치는 한입 크기로 썰고
양배추는 가늘게 채 썬다.
애호박은 열십(+)자로
4등분한 후 얇게 썬다.

2

돼지고기는 키친타월로 핏물을
없앤 후 한입 크기로 썬다.

3

깊은 팬을 달궈 식용유, 돼지고기,
배추김치를 넣고 중간 불에서
5분간 볶는다.

4

양배추, 애호박을 넣고 센 불에서 1분,
밥을 넣고 2분간 볶는다.
불을 끄고 조미김을 섞는다.

 Tip

덜 익은 김치로 만들기
하루 동안 실온에 두었다가 사용하거나
과정 ③에서 식초 1작은술을 더하세요.

양파채
스테이크덮밥

❝ 평소 고기를 즐기지 않는 편이에요. 하지만 첫째 아이 임신 때는 고기가 당겨서, 둘째 때는
아기가 작았던 탓에 고기를 많이 챙겨 먹었어요. 이때 좋아하지 않던 고기를 잘 먹을 수 있었던 건
양파채 덕분이었답니다. 자작하게 끓인 데리야키 소스와 시원한 양파채가 고기의 느끼한 맛을 잡아주거든요.
평범한 고기 구이에 싫증이 났다면 이 담백한 덮밥을 즐겨 보세요.

2인분

- 따뜻한 현미밥 1과 1/2공기
  (또는 잡곡밥, 300g)
- 쇠고기 부채살 300g
  (또는 살치살, 안심)
- 양파 1개(200g)
- 마늘 4쪽(20g)
- 어린잎 채소 1줌
  (또는 쌈 채소, 20g)
- 올리브유 1큰술

밑간

- 소금 1/2작은술
- 올리브유 1작은술
- 후춧가루 약간

양파채 양념

- 설탕 3큰술
- 식초 3큰술
- 생수 3큰술
- 소금 약간

소스

- 맛술 3큰술
- 양조간장 3큰술
- 물 1큰술
- 올리고당 2와 1/2큰술
- 연와사비 1작은술
  (기호에 따라 가감)

1

쇠고기는 키친타월로 핏물을
없앤 후 0.5cm 두께로 어슷 썰어
밑간과 버무린다.
양파는 가늘게 채 썰고
마늘은 3~4등분한다.

2

양파와 양파채 양념을 버무린다.
냉장실에 차갑게 넣어 둔다.
★ 양파채는 찬물에 10분간 담가
매운맛을 없앤 후 사용해도 좋아요.

3

달군 팬에 올리브유, 마늘을 넣고
중약 불에서 노릇하게 2분간 볶은 후
덜어둔다. 팬을 다시 달궈
쇠고기를 넣고 센 불에서 뒤집어가며
2~3분간 구워 덜어둔다.

4

팬에 소스 재료를 넣고 중간 불에서
저어가며 걸쭉해질 때까지 1분간
끓인다. 그릇에 밥과 구운 고기를 담고
소스를 뿌린다. 구운 마늘,
양파채, 어린잎 채소를 올린다.

진한 토마토카레

❝ 만사 귀찮을 때, 카레에 김치 하나 척 올리면 이만한 요리도 없죠. 이 카레가 특별한 이유는
하나 더 있어요. 토마토를 듬뿍 넣고 물을 적게 넣은 것이지요. 덕분에 진하고 깊은 맛이 일품이랍니다.
강황이 자궁을 수축시킨다고 하지만 이 정도의 양은 문제가 되지 않아요.
이 한 그릇으로 채소를 충분히 섭취할 수 있으니 오히려 칭찬해줘야겠죠?

빈혈예방　고단백　고칼슘

2인분

- 따뜻한 현미밥 1과 1/2공기
  (또는 잡곡밥, 300g)
- 토마토 3개(450g)
- 쇠고기 국거리용 200g
- 양파 1개(200g)
- 브로콜리 1/2개(150g)
- 당근 1/3개(약 70g)
- 시판 고형카레 3조각(90g)
- 우유 4큰술
- 올리브유 1큰술

1
토마토는 2등분한다.
양파, 브로콜리, 당근은
한입 크기로 썬다.
쇠고기는 키친타월로 핏물을 없앤다.
★ 브로콜리 손질법 51쪽 참고

2
토마토 단면이 냄비의 바닥에
닿도록 넣고 뚜껑을 덮어
중간 불에서 3분간 익힌다.
불을 끄고 토마토 껍질을 벗긴다.

3
주걱으로 토마토를 으깬다.
올리브유, 쇠고기, 양파, 브로콜리,
당근을 넣고 뚜껑을 덮은 후
중약 불에서 13~15분간 끓인다.

 Tip

색다르게 즐기기
먹기 직전에 떠먹는 플레인 요구르트를
더해도 좋아요.

고형카레를 카레가루로 대체하기
시판 카레가루 7과 1/2큰술로
대체해도 좋아요.

4
고형카레, 우유를 넣고
중약 불에서 저어가며 3분간 끓인다.
그릇에 밥과 함께 담는다.

데리야키
삼치구이덮밥

> 정밀 초음파 검사로 아기의 손가락, 발가락, 뻐끔거리는 입을 보면 이만큼 잘 자라준 게 감사할 따름이지요.
> 이런 날은 특별한 요리가 먹고 싶어요. 이 한 그릇이 저에겐 그러한 요리고요. 오메가3와 단백질, 칼슘이 풍부한
> 삼치를 노릇하게 구운 후 데리야키 소스, 향긋한 깻잎, 생강과 함께 먹으면 보양식 먹은 기분이 나거든요.
> 지금까지 잘 커준 아기, 아빠와 함께 즐겨보세요. 이 순간, 이 한 그릇이 또 하나의 추억으로 남는 답니다.

숙면　　고단백　　고칼슘

2인분

- 따뜻한 현미밥 1과 1/2공기
  (또는 잡곡밥, 300g)
- 손질 삼치 1마리
  (구이용, 또는 고등어, 약 300g)
- 깻잎 20장(40g)
- 생강 1톨(마늘 크기, 5g)
- 감자전분 2큰술
- 식용유 3큰술

데리야키 소스

- 맛술 8큰술
- 양조간장 3큰술
- 물 2큰술
- 매실청(또는 유자청) 1큰술
- 올리고당 2큰술

1
깻잎, 생강은 가늘게 채 썬다.

2
삼치는 2cm 두께로 썬다.
데리야키 소스를 섞는다.

3
위생팩에 감자전분, 삼치를 넣고
가볍게 흔들어 가루를 묻힌다.

4
달군 팬에 식용유를 두르고
삼치의 껍질 부분이 팬에 닿도록 넣어
중간 불에서 6분간 뒤집어가며
노릇하게 구워 덜어둔다.

5
달군 팬에 데리야키 소스를 넣고
센 불에서 끓어오르면 중간 불로
줄인 후 저어가며 2~3분간 조린다.
불을 끄고 삼치를 넣어 버무린다.
그릇에 밥과 함께 담고
깻잎채, 생강채를 올린다.

고등어
시래기찜

투박한 요리가 멋져 보일 때가 있어요. 자작하게 끓인 고등어 시래기찜이 바로 그런 요리지요. 시래기는 철분이 풍부해 임신부에게 추천하는 식재료입니다. 매번 친정 엄마 밥만 얻어먹었다면 한 번쯤 초대해 대접해보세요. "임신하더니 철들었네!" 하며 활짝 웃는 모습에 요리하는 기쁨을 알게 될 거예요.

2인분

- 손질 고등어 1마리(조림용, 약 300g)
- 삶은 시래기 300g
  (또는 데친 얼갈이배추)
- 무 지름 10cm, 두께 2cm(200g)
- 청양고추 2개
- 대파 10cm
- 물 2와 1/2컵(500㎖)

양념

- 고춧가루 1과 1/2큰술
- 다진 마늘 1큰술
- 맛술 2큰술
- 된장 2큰술
  (집 된장의 경우 1과 1/2큰술)
- 고추장 1큰술
- 들기름 1큰술
- 다진 생강(또는 생강즙) 1/2작은술
- 후춧가루 약간

1

시래기는 손질한 후 5cm 길이로
썬다. 무는 열십(+)자로
4등분한 후 1cm 두께로 썬다.
청양고추, 대파는 어슷 썬다.
★ 시래기 손질법 50쪽 참고

2

고등어는 3~4등분한다.
양념을 섞는다.

3

냄비에 시래기, 무, 양념을 넣고
버무린 후 고등어, 물을 넣는다.

 Tip

삶은 시래기를 말린 시래기로 대체하기
말린 시래기 60g을 물에 담가
1일간 불리세요. 냄비에 불린 시래기,
잠길 만큼의 물을 붓고 뚜껑을 덮어
중간 불에서 1시간 삶은 후 손질해요
(50쪽 참고).

4

센 불에서 끓어오르면 중약 불로
줄인 후 중간중간 국물을
끼얹어가며 20분, 청양고추,
대파를 넣고 2분간 끓인다.

콩나물 불고기
쌈밥

> 임신부에게 꼭 필요한 철분과 피로 회복에
> 도움을 주는 비타민B₁이 풍부한 돼지고기.
> 매콤한 양념, 통통한 콩나물을 곁들이면
> 아삭아삭 씹히는 식감이 좋은 개운한 요리가
> 돼요. 콩나물 속 이소플라본은 임신 중 발생하기
> 쉬운 변비, 빈혈 등을 예방해준답니다.
> 쌈 채소까지 한 아름 함께 내면 식이섬유가
> 풍성한 밥상을 차려낼 수 있어요.

빈혈예방　　변비탈출　　고단백

2인분

- 따뜻한 현미밥 1과 1/2공기
  (또는 잡곡밥, 300g)
- 돼지고기 불고기용 300g
- 콩나물 3줌(150g)
- 쌈 채소 100g(기호에 따라 가감)
- 애느타리버섯 1줌
  (또는 다른 버섯, 50g)
- 대파(흰 부분) 20cm
- 식용유 1큰술

양념

- 고춧가루 2큰술
- 다진 마늘 1큰술
- 양조간장 2큰술
- 맛술 1큰술
- 올리고당 2큰술
- 고추장 2와 1/2큰술
- 참기름 1큰술
- 후춧가루 약간

1

돼지고기는 키친타월로
핏물을 없앤다. 한입 크기로 썬 후
양념과 버무린다.

2

대파는 가늘게 채 썰고 찬물에 10분간
담가 매운맛을 없앤 후 물기를 뺀다.
애느타리버섯은 가닥가닥 뗀다.
★ 대파 채 써는 법 51쪽 참고

3

달군 팬에 식용유, 돼지고기를 넣고
중간 불에서 3분간 볶는다.

4

콩나물, 애느타리버섯을 넣고
중간 불에서 2분~2분 30초간 볶는다.
대파채, 밥, 쌈 채소를 곁들인다.
★ 대파채를 콩나물, 애느타리버섯과
함께 볶아도 좋아요.

건새우
시금치볶음밥

중기는 아기의 뼈와 피를 만드는 칼슘과 철분을 충분히 섭취해야 하는 시기예요. 주로 멸치를 먹었다면
이번에는 건새우를 활용해보세요. 멸치보다 칼슘이 풍부할뿐더러 감칠맛도 뛰어나 특별한 소스가 없어도
동남아풍의 맛을 낼 수 있답니다. 건새우 시금치볶음밥으로 영양, 맛까지 모두 챙기세요.

초간단   숙면   저염

2인분

- 현미밥 1과 1/2공기
  (또는 잡곡밥, 300g)
- 시금치 1줌(50g)
- 대파 10cm
- 달걀 3개
- 두절 건새우 1/3컵(10g)
- 식용유 1큰술 + 1큰술
- 양조간장 1큰술
- 후춧가루 약간

1

시금치는 한입 크기로 썬다.
대파는 송송 썬다. 달걀을 푼다.

2

건새우는 굵게 다진다.

3

달군 팬에 식용유 1큰술, 달걀을 넣어
중약 불에서 30초~1분간
저어가며 익힌 후 덜어둔다.

4

달군 팬에 식용유 1큰술,
대파, 건새우를 넣고
중간 불에서 1분간 볶는다.

5

시금치, 밥, ③, 양조간장을 넣고
센 불에서 2분간 볶는다.
불을 끄고 후춧가루를 넣는다.

145

들깨 미역리조또

+ 닭가슴살 샐러드

> 크림 리조또는 여성들이 참 좋아하는 음식 중 하나이지만 높은 열량 때문에 먹기 망설여지죠.
> 생크림 대신 우유를, 거기에 비타민C, 식이섬유와 오메가3가 풍부한 들깨를 섞어 고소하고 우아한 맛을
> 따라잡았습니다. 고기가 없어도 미역의 짭조름한 풍미와 버섯의 식감이 잘 어우러져서 참 좋아요.
> 익숙한 방법과 재료에서 벗어난 특별한 리조또가 될 거예요.

활력충전　　고칼슘

들깨 미역리조또

2인분

- 현미밥 1과 1/2공기
  (또는 잡곡밥, 300g)
- 양파 1/4개(50g)
- 애느타리버섯 1줌
  (또는 다른 버섯, 50g)
- 마른 실미역 1줌(5g, 불린 후 50g)
- 들기름 2큰술
- 다진 마늘 1/2큰술
- 들깻가루 2큰술
- 국간장 1큰술
- 통들깨 2큰술(생략 가능)
- 물 1과 1/2컵(300㎖)
- 우유 1컵(200㎖)
- 소금 약간
- 후춧가루 약간

1
미역은 찬물에 담가 10분간 불린 후
물기를 꼭 짠 다음 한입 크기로 썬다.
양파는 가늘게 채 썬다.
애느타리버섯은 가닥가닥 뗀다.

2
달군 팬에 들기름, 다진 마늘,
양파를 넣고 중간 불에서 30초,
애느타리버섯, 미역을 넣고 30초간
볶는다. 밥, 물을 넣어 밥알이
퍼질 때까지 5분간 끓인다.

3
우유, 들깻가루, 국간장을 넣고
약한 불에서 9~10분간 중간중간
저어가며 끓인다. 불을 끄고
통들깨, 소금, 후춧가루를 넣는다.

닭가슴살 샐러드

2인분

- 닭가슴살 1쪽(또는 닭안심 4쪽, 100g)
- 어린잎 채소 3줌(또는 샐러드 채소, 60g)

밑간
- 올리브유 1/2큰술
- 소금 약간
- 후춧가루 약간

드레싱
- 양조간장 2큰술
- 레몬즙 1/2큰술
- 올리브유 1큰술
- 다진 마늘 1작은술
- 올리고당 1작은술

1
닭가슴살은 밑간과 버무린다.
드레싱을 섞는다.

2
달군 팬에 닭가슴살을 넣고 센 불에서
앞뒤로 각각 1분씩, 중약 불로 줄여
3~4분간 뒤집어가며 굽는다.
한입 크기로 썬 후
그릇에 모든 재료를 담는다.

* 중기

달걀말이 김밥

15~20 *min*

"요리 초보에게 김밥은 어려운 요리 중 하나이지요. 하지만 걱정하지 마세요. 이 달걀말이김밥은 아주 쉽게 만들 수 있거든요. 달걀만 돌돌 말아 구운 후 싸주면 완성이랍니다. 복잡한 요리가 힘든 임신부에게 제격이지요. 재료가 간단해서 김밥 옆구리가 터질 일은 절대 없어요. 간은 찍어 먹는 겨자 양념장으로 조절하세요.

초간단   고단백   고칼슘

2인분
- 따뜻한 현미밥 1공기
  (또는 잡곡밥, 200g)
- 구운 김밥 김 2장
- 달걀 4개
- 파프리카 1/4개(50g)
- 시금치 1/4줌(15g)
- 소금 1/3작은술
- 식용유 1/2큰술
- 참기름 약간

양념
- 통깨 간 것 1작은술
- 참기름 1작은술
- 소금 약간

겨자 양념장
- 연겨자 1/2큰술(기호에 따라 가감)
- 설탕 1작은술
- 양조간장 2작은술
- 물 2작은술
- 식초 1작은술

 Tip

**파프리카, 시금치를
다른 채소로 대체하기**
동량(65g)의 피망, 당근 등으로
대체해도 좋아요.

1
파프리카, 시금치는 잘게 다진 후
달걀, 소금과 섞는다.

2
달군 팬에 식용유를 두르고
①의 1/2분량을 얇게 펼친 후
중간 불에서 30초~1분간
익힌 후 돌돌 말아 덜어둔다.
같은 방법으로 1개 더 만든다.

3
달걀말이는 한 김 식힌 후
종이 포일로 감싸 모양을
동그랗게 잡는다.

4
밥과 양념을 섞는다.
밥 1/2분량을 김의 2/3지점까지
골고루 편 후 달걀말이를 올려 만다.
참기름을 발라 한입 크기로
썬 후 겨자 양념장을 곁들인다.

닭가슴살 양배추
김마끼

> 중기에 접어들면 '내가 정말 임신을 했구나'라고 느낄 만큼 체중이 부쩍 늘어나요.
> 이 시기에는 건강을 위해 가끔은 간소하게 먹는 것도 좋아요. 그럴 땐 이 요리가 제격이에요.
> 닭가슴살과 양배추, 깻잎을 통깨 소스에 버무린 후 부드러운 아보카도와 함께 김에 싸 먹는 것이지요.
> '다이어트식이 이렇게 맛있어도 되는 거야?'라는 생각이 들 정도로 풍미가 좋답니다.

초간단 　　변비탈출 　　저염

2인분
- 구운 김밥 김 4장
- 시판 훈제 닭가슴살 2쪽(200g)
- 아보카도 1개(200g, 생략 가능)
- 양배추 6장(손바닥 크기, 180g)
- 깻잎 10장(20g)

통깨 소스
- 통깨 4큰술
- 생수 2큰술
- 식초 2큰술
- 올리고당 2큰술
- 올리브유 2큰술
- 소금 약간

1
양배추, 깻잎은 가늘게 채 썬다.
아보카도는 손질한 후
0.5cm 두께로 썬다.
★ 아보카도 손질법 50쪽 참고

2
훈제 닭가슴살은 한입 크기로 찢는다.

3
믹서에 통깨 소스 재료를 넣고
곱게 간다.

Tip

**훈제 닭가슴살을
삶은 닭가슴살로 대체하기**
닭가슴살 1쪽(100g)을
끓는 물 3컵＋소금 1/2작은술에 넣고
센 불에서 15분간 삶아요.
한입 크기로 찢은 후 소금 1/3작은술,
후춧가루 약간과 버무려요.

4
훈제 닭가슴살, 양배추, 깻잎,
통깨 소스를 버무린다.
김을 4등분한 후
아보카도와 곁들인다.

새우 브로콜리
유부초밥

66 유부초밥은 간편 요리의 대명사이지요. 신혼 초에는 유부초밥을 구비해 놓고 주말 특식으로, 임신 기간에는
입덧이 심할 때 먹는 새콤달콤한 별미로 즐겼어요. 지금은 첫째 아이가 좋아하는 메뉴이기도 하고요.
여기에 새우와 브로콜리를 추가해보세요. 데치고 다져서 넣는 약간의 수고만 더하면 평범한 유부초밥이
특별해집니다. 유부초밥과 함께 여행 계획을 세워보는 건 어떨까요? 여행은 태교에도 참 좋거든요.

초간단　　활력충전　　저염　　고단백

2인분
- 따뜻한 현미밥 1과 1/2공기
  (또는 잡곡밥, 300g)
- 시판 유부초밥 유부피 1팩분
  (14개, 70g)
- 브로콜리 1/2개(150g)
- 냉동 생새우살 7마리
  (킹 사이즈, 100g)
- 검은깨(또는 통깨) 1작은술

양념
- 설탕 1큰술
- 식초 2큰술
- 소금 약간

1
냉동 생새우살은 해동한다.
브로콜리는 한입 크기로 썬다.
밥과 양념을 섞는다.
★ 브로콜리 손질법 51쪽 참고
★ 재료 손질 전 브로콜리, 생새우살
데칠 물(물 3컵 + 소금 1작은술)을
끓이세요.

2
끓는 물에 브로콜리, 생새우살을 넣고
센 불에서 1분간 데친다.
찬물에 헹군 후 체에 밭쳐 물기를 뺀다.

3
데친 브로콜리, 생새우살을
잘게 다진 후 밥, 검은깨와 섞는다.
유부피에 넣는다.
★ 유부피를 끓는 물에 살짝 데쳐서
사용해도 좋아요.

색다르게 즐기기
시판 유부초밥에 동봉된 후리가케를
넣어도 좋아요.

153

담백한 닭가슴살
닭개장

15~20 min
(+ 끓이기 20분)

❝ 쌀쌀한 날에는 엄마표 얼큰한 닭개장이 생각나요. 국물을 살짝 떠서 밥과 건더기를 푸짐하게 올려 먹으면 참 맛있거든요.
이 요리는 닭가슴살을 이용해 기름기는 줄이고 고춧가루를 대파와 함께 볶아서 깊은 맛은 살렸답니다.
부종 등 임신중독증으로 인해 염분 과다 섭취가 걱정된다면 국물은 적게 먹고 건더기 위주로 즐겨보세요.

변비탈출　　활력충전　　고단백

2인분

- 닭가슴살 2쪽(200g)
- 삶은 토란대
  (또는 삶은 고사리,100g)
- 숙주 2줌(100g)
- 느타리버섯 1줌(50g)
- 대파(흰 부분) 20cm
- 식용유 2큰술
- 참기름 1큰술
- 고춧가루 1큰술
- 물 5컵(1ℓ)

양념

- 고춧가루 2큰술
- 다진 마늘 2큰술
- 국간장 2와 1/2큰술
- 후춧가루 약간

1
토란대는 5cm 길이로 썰고
느타리버섯은 굵게 찢는다.
대파는 5cm 두께로 썬 후
길이로 2~3등분한다.

2
닭가슴살은 반으로 저민 후
한입 크기로 썬다.
양념을 섞는다.

3
달군 냄비에 식용유, 참기름,
고춧가루, 닭가슴살, 대파를 넣고
중간 불에서 2분간 볶는다.

4
물, 토란대, 느타리버섯, 양념을 넣고
센 불에서 끓어오르면
숙주를 넣는다. 중간 불로 줄여
뚜껑을 덮은 후 20분간 끓인다.

색다르게 즐기기
마지막에 들깻가루 2큰술을 넣어
더 진하게 즐겨도 좋아요.

맑은 굴탕

굴은 '바다의 우유'라고 불릴 정도로 칼슘뿐 아니라 아연, 철분도 풍부해 빈혈에 특히 좋아요.
그러니 임신부의 식단에서 빠질 수 없겠죠? 맑은 굴탕은 제 소울 푸드와도 같은 음식이에요.
으슬으슬 추울 때 한 그릇 들이켜면 온몸에서 땀이 쫙 나고 개운해지거든요.
요즘에는 여름에도 냉동 굴을 쉽게 구할 수 있으니 계절 상관없이 즐기세요.

2인분

- 굴 1컵(200g)
- 무 지름 10cm, 두께 2cm(200g)
- 두부 큰 팩 1/3모(찌개용, 100g)
- 알배기배추 3장(손바닥 크기, 90g)
- 청양고추 1개(기호에 따라 가감)
- 다시마 5×5cm 3장
- 물 4컵(800㎖)
- 새우젓 1큰술
- 다진 마늘 1작은술
- 소금 1/3작은술(기호에 따라 가감)
- 후춧가루 약간

1
굴은 체에 밭쳐 물(4컵) + 소금(1큰술)이
담긴 볼에 넣고 살살 흔들어 씻은 후
물기를 뺀다.

2
무는 0.3cm 두께로 썬 후 한입 크기로
썬다. 두부는 한입 크기로 썬다.
알배기배추는 길이로 2등분한 후
어슷 썬다. 청양고추는 송송 썬다.

3
냄비에 무, 다시마, 물을 넣고
센 불에서 끓어오르면 다시마를
건져낸다. 두부, 알배기배추를
넣고 중약 불로 줄여 5분간 끓인다.

4
굴, 청양고추, 새우젓, 다진 마늘,
소금을 넣고 센 불에서 1분간 끓인다.
불을 끄고 후춧가루를 넣는다.

떡국으로 즐기기
조랭이 떡 1컵(또는 떡국 떡, 150g)을
과정 ③에서 두부, 알배기배추와 함께
넣고 끓이세요.

밀푀유나베

보기보다 쉬운 이 전골은 열량이 낮고 채소와 고기를 한 번에
취할 수 있어 즐겨 먹은 요리이기도 해요. 남편과 주방에 앉아 함께
만들어보세요. "우리 아기 이름은 무엇이 좋을까?"
"초음파로 보니 코는 당신 닮았던데" 배 속 아기 이야기에 열중하며
재료를 겹겹이 쌓다 보면 어느새 전골이 보글보글 끓고 있을 거예요.

빈혈예방　변비탈출　저탄수화물　고단백

2인분

- 쇠고기 샤부샤부용 250g
- 알배기배추 10장
  (손바닥 크기, 300g)
- 모둠 버섯(표고버섯, 애느타리버섯,
  팽이버섯 등) 300g
- 숙주 2줌(100g)
- 깻잎 10장(20g)

국물

- 국물용 멸치 20마리
- 대파(푸른 부분) 20cm
- 다시마 5×5cm 4장
- 물 8컵(1.6ℓ)

밑간

- 국간장 2큰술
- 액젓(멸치 또는 까나리) 1큰술
- 소금 약간
- 후춧가루 약간

양념장

- 송송 썬 풋고추 1개
- 송송 썬 홍고추 1/2개
- 양조간장 6큰술
- 식초 1큰술
- 레몬즙 1큰술
- 매실청 1큰술
- 올리고당 3큰술

1
냄비에 국물 재료를 넣고
센 불에서 끓어오르면
중약 불로 줄여 10분간 끓인다.
건더기를 건져낸 후
국물에 밑간을 더한다.
**＊완성된 국물의 양은 7컵(1.4ℓ)이며
부족한 경우 물을 더하세요.**

2
양념장을 섞는다. 모둠 버섯은
한입 크기로 썬다. 쇠고기는
키친타월로 핏물을 없앤다.

3
알배기배추 → 깻잎 2장 → 쇠고기
→ 알배기배추 순으로 겹겹이 쌓는다.
냄비 높이에 맞춰 3~4등분한다.

4
냄비에 숙주를 깔고 ③을 냄비
가장자리부터 세워서 돌려 담은 후
가운데에 모둠 버섯을 넣는다.

5
①의 국물을 넣고 센 불에서
5~10분간 끓인다.
양념장을 곁들인다.

쇠고기 꽈리고추
볶음 쌀국수

20~25 min
(+ 쌀국수 불리기 30분 이상)

> 꽈리고추는 엽산과 비타민, 식이섬유가 풍부한 재료예요. 하지만 조림 말고 떠오르는 요리가 없다고요?
> 그렇다면 면 요리에 활용해보세요. 꽈리고추의 아삭하게 씹히는 식감이 쫄깃한 쌀국수와 잘 어울립니다.
> 임신 중이니 화학조미료가 많이 든 시판 소스 대신 간장과 액젓으로 깔끔하게 맛을 내 더욱 좋아요.

빈혈예방　　변비탈출　　고단백

2인분

- 쌀국수 3줌(두께 3mm, 150g)
- 쇠고기 불고기용(또는 샤부샤부용) 150g
- 꽈리고추 15개(75g)
- 청경채 1개(40g)
- 달걀 2개
- 식용유 1큰술
- 들기름(또는 참기름) 1큰술

밑간

- 소금 1/3작은술
- 다진 마늘 1작은술
- 후춧가루 약간

양념

- 다진 마늘 1큰술
- 양조간장 2큰술
- 액젓(멸치 또는 까나리) 1큰술
- 올리고당 2큰술
- 후춧가루 약간

**꽈리고추, 청경채를
다른 재료로 대체하기**
동량(약 120g)의 양배추, 양파,
피망 등으로 대체해도 좋아요.

색다르게 즐기기
마지막에 고수나 레몬즙을 더하면
이국적인 풍미를 느낄 수 있어요.

1
쌀국수는 잠길 만큼의 찬물에 담가
30분 이상 불린 후 체에 밭쳐
물기를 뺀다. 쇠고기는 키친타월로
핏물을 없앤 후 3~4등분한 다음
밑간과 버무린다.

2
청경채는 길이로 4~6등분하고,
꽈리고추는 2등분한다.
달걀을 푼다. 양념을 섞는다.

3
달군 팬에 식용유, 쇠고기를 넣고
센 불에서 2분,
양념, 꽈리고추, 청경채를 넣어
1분간 볶는다.

4
③을 팬의 한쪽으로 밀어둔다.
달걀을 넣고 중약 불에서
저어가며 30초~1분간 익힌다.

5
쌀국수를 넣고 익을 때까지
중간 불에서 2분~2분 30초간
모든 재료와 볶는다.
불을 끄고 들기름을 섞는다.

채소 듬뿍
골뱅이물회

66 첫째 아이를 임신했을 때, 회는 먹으면 안 되는 줄 알았어요. 그런데 알고 보니 식중독의 위험성 탓이지
'절대 먹으면 안 되는'건 아니더라고요. 그래도 걱정된다면 골뱅이로 회를 먹는 기분을 내볼까요?
골뱅이는 임신부도 걱정 없이 먹을 수 있는 고단백 식품이에요. 아삭하게 씹히는 채소와
매콤한 국물을 맘껏 먹어보세요. 취향에 따라 밥이나 삶은 소면을 곁들여도 맛있어요.

초간단 변비탈출 저탄수화물 고단백

2인분

- 통조림 골뱅이 1캔(300g)
- 양배추 7장(손바닥크기, 210g)
- 양파 1/4개(50g)
- 오이 1/4개(50g)
- 당근 1/4개(50g)
- 깻잎 5장(10g)
- 통깨 약간

국물

- 고춧가루 1/2큰술
- 식초 3큰술
- 국간장 1큰술
- 올리고당 5큰술
- 고추장 3큰술
- 소금 1작은술(기호에 따라 가감)
- 차가운 생수 3컵(600㎖)

1
양파는 가늘게 채 썰고
찬물에 10분간 담가 매운맛을
없앤 후 물기를 뺀다.
국물 재료를 섞은 후 냉동실에 넣어
1시간 정도 차갑게 둔다.

2
양배추, 오이, 당근, 깻잎은
가늘게 채 썬다.
★ 통조림 골뱅이를 끓는 물에
살짝 데쳐서 사용해도 좋아요.
★ 골뱅이는 한입 크기로 썰어도 좋아요.

3
그릇에 모든 재료를 담는다.

물회 국수로 즐기기
소면 2줌(140g, 51쪽 참고)을
삶아 곁들여요.

베리 치아잼 프렌치 토스트

15~20 *min*

+ 토마토 드레싱 샐러드

❝ 남편도 만들 수 있는 프렌치토스트! 이 쉬운 요리를 조금 특별하게 즐길 수 있는 방법을 알려 드릴게요. 팬에 굽기 전, 금빛 아마씨드와 고소한 코코넛 슬라이스를 골고루 묻히세요. 평범한 토스트에 코코넛 향과 아마씨드의 톡톡 터지는 식감이 더해져 참 재미있어진답니다. 여기에 토마토 드레싱 샐러드를 곁들이면 균형 잡힌 식단이 완성돼요.

베리 치아잼 프렌치 토스트

2인분

- 바게트 2cm 6조각
- 코코넛 슬라이스 2/3컵(40g)
- 아마시드 1/4컵(약 25g)
- 식용유 3큰술

달걀물

- 달걀 2개
- 설탕 2큰술
- 우유 1/2컵(100㎖)

베리 치아잼(냉장 1달)

- 냉동 믹스베리 4컵(400g)
- 치아시드 2큰술
- 레몬즙 4큰술
- 올리고당 3큰술

베리 치아잼의 다른 재료로 대체하기
시판 과일잼으로 대체해도 좋아요.

1
냄비에 냉동 믹스베리를 넣고
중간 불에서 녹을 때까지 5분간
끓인다. 나머지 베리 치아잼 재료를
넣고 중간중간 저어가며
10분간 조린 후 식힌다.

2
달걀물을 섞는다.
바게트에 달걀물 → 코코넛 슬라이스
+ 아마시드 순으로 옷을 입힌다.

3
달군 팬에 식용유, ②를 올려
약한 불에서 앞뒤로
각각 1분씩 굽는다.
베리 치아잼을 곁들인다.

토마토 드레싱 샐러드

2인분

- 샐러드 채소
  (로메인, 양상추, 치커리 등) 100g

토마토 드레싱

- 토마토 2개(300g)
- 식초 2큰술
- 레몬즙 2큰술
- 올리고당 3큰술
- 올리브유 3큰술
- 소금 1작은술
- 후춧가루 약간

1
토마토, 샐러드 채소는
한입 크기로 썬다.

2
믹서에 토마토 드레싱 재료를
넣고 곱게 간다.
샐러드 채소에 곁들인다.

양파 버섯
샌드위치

" 따뜻한 샌드위치가 생각날 때 추천해요. 일상에서 자주 접하는 재료인 양파와 버섯을 볶으면서
생기는 달큼한 맛이 샌드위치의 감칠맛을 한껏 올려줍니다. 여기에 보드라운 달걀과 입맛 돋우는 치즈까지
더해지니 더욱 근사하지요. 양파 버섯볶음이 남았다면 파스타에 올려 먹거나 반찬으로 활용해도 좋답니다.

2인분

- 곡물 식빵 4장
- 양파 1개(200g)
- 애느타리버섯 2줌(100g)
- 달걀 2개
- 슬라이스 치즈 2장
- 다진 마늘 1작은술
- 식용유 1/2큰술 + 1큰술

소스

- 발사믹식초 2큰술
  (또는 양조간장 1큰술)
- 올리고당 1작은술
- 소금 약간
- 후춧가루 약간

1

양파는 굵게 채 썬다.
애느타리버섯은 가닥가닥 뗀다.
달걀을 푼다. 소스를 섞는다.

2

달군 팬에 곡물 식빵을 올려
중약 불에서 앞뒤로
각각 1분~1분 30초씩 굽는다.
✱ 토스터에 구워도 좋아요.

3

달군 팬에 식용유 1/2큰술을
두르고 달걀을 넣는다.
약한 불에서 가장자리가 익으면
2개의 사각형으로 만든다.
뒤집어가며 1분간 익힌 후 덜어둔다.

4

팬을 다시 달궈 식용유 1큰술,
양파, 다진 마늘을 넣어 중간 불에서
2분, 애느타리버섯, 소스를 넣고
1분 30초 간 볶은 후 덜어둔다.

5

2개의 곡물 식빵에 달걀, ④,
슬라이스 치즈를 나눠 넣은 후
다른 곡물 식빵으로 덮는다.
✱ 그릴팬을 사용하여 그릴 자국을
내거나 포크로 가장자리를 눌러 붙여
포켓 형식으로 만들어도 좋아요.

불고기
케일치아바타

> 임신 중후기에 꼭 태교 여행을 다녀오세요.
> 익숙한 사람과 함께지만 새로운 환경을 경험하면
> 좀 더 특별한 일상이 되거든요. 바로 불고기
> 케일치아바타처럼요. 불고기, 케일, 사과를 넣었을 뿐인데
> 치아바타로 만드니 색다른 맛을 선사한답니다.
> 특히 상큼하게 씹히는 사과는 이 샌드위치를
> 완벽하게 만드는 비법 재료이니 꼭 더하세요!

2인분

- 치아바타(또는 곡물빵) 2개
- 쇠고기 불고기용 150g
  (또는 샤부샤부용)
- 양파 1/2개(100g)
- 사과 1/2개(100g)
- 쌈 케일 6장(또는 로메인, 30g)
- 식용유 1/2큰술

양념

- 다진 마늘 1큰술
- 양조간장 1큰술
- 청주 1큰술
- 올리고당 1큰술
- 참기름 2작은술
- 후춧가루 약간

1
쇠고기는 키친타월로 핏물을 없앤 후
3~4등분한 다음 양념과 버무린다.
양파는 동그란 모양을 살려
0.5cm 두께로 썬 후 찬물에 10분간
담가 매운맛을 없앤다.

2
사과는 소금으로 문질러 씻은 후
껍질째 얇게 썬다.
쌈 케일은 돌돌 말아 채 썬다.

3
치아바타는 반으로 가른다.

4
달군 팬에 식용유, 쇠고기를 넣고
센 불에서 2분간 바싹 볶는다.

5
치아바타에 케일, 양파, 쇠고기,
사과를 넣는다.

색다르게 즐기기
과정 ③에서 치아바타에
홀그레인 머스터드나 머스터드를
1큰술씩 발라도 좋아요.

169

치킨 아보카도
샌드위치

" 이 샌드위치는 제가 특별히 추천하는 건강식이에요. 몸에 좋은 재료는
다 들어간 데다가 아보카도가 익숙하지 않은 사람도 그 맛을 즐길 수 있거든요.
더 맛있게 즐기기 위한 팁 하나를 전하면 빵은 달콤한 건과일이 콕콕 박힌
곡물빵으로 만드세요. 간간이 씹히는 건과일이 재료들의 맛을 잘 어우러지게 한답니다.
그릴 자국을 내 멋스럽게 구우면 여느 브런치 카페가 부럽지 않을 거예요.

2인분
- 곡물빵(또는 곡물 식빵) 4장
- 시판 훈제 닭가슴살 2쪽(200g)
- 아보카도 1개(200g)
- 토마토 1/2개(75g)
- 로메인 6장(또는 다른 쌈 채소, 30g)
- 홀그레인 머스터드(또는 마요네즈) 2큰술

스프레드
- 레몬즙 1작은술
- 소금 약간
- 후춧가루 약간

1
훈제 닭가슴살은 한입 크기로 찢는다.

2
아보카도는 손질한 후 으깬 다음
스프레드 재료와 섞는다.
★아보카도 손질법 50쪽 참고

3
토마토는 0.5cm 두께로 썬 후
키친타월로 물기를 없앤다.

4
달군 팬에 곡물빵을 올려
중약 불에서 앞뒤로
각각 1분~1분 30초씩 굽는다.
★토스터에 구워도 좋아요.

Tip
훈제 닭가슴살을
삶은 닭가슴살로 대체하기
닭가슴살 1쪽(100g)을
끓는 물 3컵 + 소금 1/2작은술에
넣고 센 불에서 15분간 삶아요.
한입 크기로 찢은 후 소금 1/3작은술,
후춧가루 약간과 섞어요.

5
곡물빵에 홀그레인 머스터드를
바르고 ②, 로메인, 닭가슴살,
토마토를 나눠 넣은 후
다른 곡물빵으로 덮는다.

연어 토마토 부리토
+ 깻잎코울슬로

> 임신하면 호르몬의 변화로 감정의 기복이 심해져요. 이럴 땐 자극적인 요리가 제격인데 배 속 아기를 위해 꾹 참게 되지요. 그렇다면 덜 자극적이면서 적당히 매콤한 연어 토마토 부리토를 만들어보세요. 상큼하게 씹히는 토마토와 수분이 많은 양상추 덕에 기분 좋은 미소가 지어질 거예요.

숙면　저염　저탄수화물　고칼슘

연어 토마토 부리토

2인분

- 통밀 또띠야 4장(8인치)
- 현미밥 1공기
  (또는 잡곡밥, 200g)
- 연어 1토막(스테이크용,
  또는 통조림 연어, 100g)
- 양파 1/2개(100g)
- 양상추 6장(손바닥 크기, 90g)
- 토마토 1/2개(75g)
- 시금치 1/2줌(또는 쌈 케일, 25g)
- 올리브유 1큰술
- 떠먹는 그릭 요구르트 1통(85g)

밑간

- 소금 약간
- 후춧가루 약간

양념

- 양조간장 1큰술
- 올리고당 1/2큰술
- 고춧가루 1작은술
- 다진 마늘 1작은술
- 고추장 1작은술
- 후춧가루 약간

깻잎코울슬로

2인분

- 양배추 12장(손바닥 크기, 360g)
- 깻잎 3장(6g)
- 다진 견과류 2큰술
- 소금 1작은술

드레싱

- 식초 1큰술
- 올리고당 1큰술
- 올리브유 1큰술
- 소금 1/2작은술
- 후춧가루 약간

1

연어는 사방 1cm 크기로 썬 후
밑간과 버무린다.

2

양상추는 굵게 채 썬다.
시금치는 2등분한다.
양파, 토마토는 사방 1cm 크기로 썬다.
양념을 섞는다.

3

달군 팬에 올리브유, 양파를 넣고
중간 불에서 1분, 연어를 넣어 1분간
볶는다. 센 불로 올려 시금치를 넣고
30초, 밥, 양념을 넣어
30초~1분간 볶은 후 덜어둔다.

4

팬을 닦은 후 다시 달궈 또띠야를 넣고
약한 불에서 1분간 뒤집어가며 구운 후
한 김 식힌다. 또띠야에 떠먹는 그릭
요구르트, ③, 토마토, 양상추를 넣는다.
양옆을 안쪽으로 접은 후
아랫부분을 올려 접고 돌돌 만다.

1

양배추는 가늘게 채 썬 후
소금과 버무려 5분간 절인 다음
찬물에 헹궈 물기를 꼭 짠다.
깻잎은 가늘게 채 썬다. 드레싱을
섞은 후 모든 재료와 버무린다.

파프리카 잡채와
또띠야

알록달록한 파프리카로 잡채를 만들어 보세요. 철분과 비타민이 풍부한 파프리카는 열량은 낮지만
식이섬유가 풍부하고, 고소한 돼지고기와 잘 어울려요. 탄수화물 함량이 높은 꽃빵 대신
통밀 또띠야에 싸먹으면 영양도, 담백한 맛도 더할 수 있지요.
간단 반찬으로도 손색없고 차림새를 화려하게 해주는 특별한 요리로도 추천합니다.

2인분

- 통밀 또띠야 4장(8인치)
- 돼지고기 잡채용 200g
- 파프리카 2개(400g)
- 양파 1/2개(100g)
- 감자전분 3큰술
- 고추기름(또는 식용유) 1큰술
- 참기름 약간
- 통깨 약간

양념

- 양조간장 1큰술
- 다진 생강 1/2작은술
- 다진 마늘 1/2작은술
- 올리고당 1작은술
- 참기름 1작은술
- 후춧가루 약간

밑간

- 청주 1큰술
- 양조간장 1/2큰술
- 소금 1/2작은술

1
파프리카, 양파는 가늘게 채 썬다.
양념을 섞는다.

2
돼지고기는 키친타월로 핏물을
없앤 후 밑간과 버무린다.
위생팩에 감자전분과 넣고
가볍게 흔들어 가루를 묻힌다.

3
달군 팬에 또띠야를 넣고
약한 불에서 1분간 뒤집어가며
구운 후 2~4등분한다.
★ 전자레인지에서 20~30초간
데워도 좋아요.

4
달군 팬에 고추기름, 돼지고기를 넣고
중간 불에서 2분, 파프리카, 양파,
양념을 넣고 센 불로 올려 2분간
볶는다. 불을 끄고 참기름, 통깨를
넣는다. 또띠야를 곁들인다.

저수분
떡볶이

켜켜이 쌓은 채소에서 나온 수분으로 모든 재료를 한 냄비에서 익히는 떡볶이예요.
참 쉽지요? 기존 떡볶이는 다 먹은 후에도 배가 부르지 않는데 이 떡볶이는 채소가 푸짐해서 든든합니다.
채소 섭취량이 적거나 변비로 고생 중이라면 채소를 더 넣으세요.

2인분

- 떡국 떡 1과 1/2컵(150g)
- 쇠고기 국거리용(또는 불고기용) 150g
- 양파 1/2개(100g)
- 표고버섯 2개(또는 다른 버섯, 50g)
- 시금치 1줌(50g)
- 당근 1/5개(40g)
- 물 2큰술

양념

- 양조간장 1큰술
- 올리고당 1큰술
- 참기름 1큰술
- 후춧가루 약간

1

양념을 섞는다.
쇠고기는 키친타월로 핏물을 없앤 후
양념 1큰술과 버무린다.

2

양파, 표고버섯은 0.5cm 두께로
썬다. 시금치는 2등분한다.
당근은 2등분한 후 얇게 어슷 썬다.
★ 떡국 떡은 찬물에 헹궈
겉면이 마르지 않도록 하세요.

3

냄비에 물 → 양파 → 표고버섯 →
당근 → 쇠고기 → 떡국 떡 →
시금치 순으로 넣는다.

4

뚜껑을 덮어 중간 불에서 5분,
가장 약한 불로 줄여 8~10분간
익힌다. 불을 끄고
남은 양념을 넣어 섞는다.

냄비 사용하기

바닥이 두꺼운 냄비를 사용해야
수분이 날아가지 않아 타지 않고
촉촉하게 익힐 수 있어요. 바닥이 얇다면
과정 ③에서 종이 포일을 깐 후
재료를 넣고, 물 2~3큰술을 더하세요.

모둠 버섯 소스
가자미조림

❝ 만들기 어려울 것 같다고요? 전혀 그렇지 않아요. 복잡한 요리는 저조차도 선호하지 않거든요. 고단백, 저열량 가자미를 구운 후 새콤달콤한 버섯 소스에 조리기만 하면 돼요. 다양한 종류의 버섯을 더해 다채로운 식감을 느낄 수 있지요. 게다가 맛있는 소스 덕분에 생선을 즐기지 않는 사람의 입맛을 사로잡기에도 충분해요.

변비탈출

고단백

고칼슘

2인분

- 손질 가자미 1마리(약 250g)
- 모둠 버섯(팽이버섯, 애느타리버섯, 목이버섯 등) 100g
- 양파 1/4개(50g)
- 풋고추 3개
- 홍고추 2개
- 다진 마늘 1/2큰술
- 식용유 1큰술
- 녹말물(물 1큰술 + 감자전분 2작은술)

버섯 소스

- 물 6큰술
- 양조간장 2큰술
- 식초 2큰술
- 올리고당 3큰술
- 후춧가루 약간

밑간

- 식용유 1큰술
- 소금 약간
- 후춧가루 약간

1

버섯 소스를 섞는다.
가자미는 키친타월로 물기를
없앤 후 밑간과 버무린다.

2

모둠 버섯은 한입 크기로 썬다.
양파는 가늘게 채 썰고
풋고추, 홍고추는 어슷 썬다.

3

달군 팬에 식용유, 다진 마늘,
②를 넣고 중간 불에서
2분간 볶은 후 덜어둔다.

4

달군 팬에 종이 포일을 깐다.
가자미의 껍질 부분이 팬의 바닥에
닿도록 넣어 중간 불에서
뒤집어가며 5분, 약한 불로 줄인 후
1~2분간 노릇하게 굽는다.

5

버섯 소스를 넣고 중간 불에서
끓어오르면 ③, 녹말물을 넣고
덩어리지지 않도록 저어가며
1~2분간 끓인다.
★ 녹말물은 굳지 않도록
넣기 전에 한 번 섞으세요.

건새우
부추전

> 비가 오니 아기도 기름진 음식이 먹고 싶나 봐요. 비 오는 날의 단짝인 전, 건강하게 즐겨볼까요?
> 고칼슘 건새우, 고단백 오징어, 엽산이 풍부한 부추를 넉넉하게 넣어 영양가 높은 반죽을 만드는 것이지요.
> 가장자리는 바삭바삭하게 안쪽은 노릇하게 구워내면 젓가락을 멈출 수 없는 전이 완성돼요.
> '아기야, 맛있지? 엄마가 아니고 네가 먹고 싶어 해서 계속 먹는 거야!'

숙면 고단백 고칼슘

2인분

- 오징어 1/2마리
  (또는 냉동 생새우살, 바지락살, 90g)
- 두절 건새우 1컵(30g)
- 부추 2줌(100g)
- 당근 1/5개(40g)
- 청양고추 2개
- 식용유 3큰술

반죽

- 다진 마늘 1큰술
- 액젓(멸치 또는 까나리) 1/2큰술
- 부침가루 1컵(100g)
- 물 1컵(200㎖)

초간장

- 고춧가루 1/2큰술
- 생수 1큰술
- 양조간장 1큰술
- 식초 1/2큰술

1

건새우는 잠길 만큼의 물에 담가
10분간 불린 후 물기를 꼭 짠다.
부추는 한입 크기로 썰고,
당근은 가늘게 채 썬다.
청양고추는 송송 썬다.

2

오징어 몸통은 0.5cm 두께로 썰고,
다리는 3cm 길이로 썬다.
★ 오징어 손질법 50쪽 참고

3

반죽 재료를 날가루가 없을 때까지
섞은 후 ①, ②를 넣고 섞는다.

4

달군 팬에 식용유 1큰술을 두르고
반죽의 1/3분량을 넣어 최대한
얇게 펼친다. 중간 불에서 뒤집어가며
4~5분간 노릇하게 굽는다.
같은 방법으로 2장 더 굽는다.
초간장을 곁들인다.

색다르게 즐기기

바지락 쑥갓 비빔밥(122쪽 참고)의
양념장을 곁들여도 좋아요.

입이 심심할 때 먹는 초간단 간식

열량 부담 없이 부족한 영양을 채우세요!

4 훈제란

단백질 보충을 위해 먹었던 간식이에요. 시판 맥반석 달걀도 괜찮아요. 일반 달걀보다 약간 짭조름하고 부드럽고 텁텁하지 않지요.

1 채소 스틱 + 후무스

병아리콩을 갈아서 만든 후무스와 채소 스틱은 영양 균형이 참 좋아요. 채소 스틱은 파프리카, 오이, 당근 등 좋아하는 것으로 준비하세요.

2 호밀빵 + 치아시드 과일잼

담백한 호밀빵에 새콤달콤한 치아시드 과일잼을 곁들여 보세요. 키위, 바나나, 딸기 등을 으깨 전자레인지에서 익힌 후 치아시드와 섞으면 잼이 돼요. 치아시드의 톡톡 씹히는 식감도 놓칠 수 없는 재미예요.

3 고구마말랭이

포만감이 커서 굽거나 찐 고구마보다 더 맛있게 즐겼던 간식입니다. 임신부에게 좋은 무첨가 두유, 귀리 음료 등을 곁들이면 찰떡궁합!

5 낫토 + 김

1g당 10억 마리 이상의 발효균이 있는 낫토에는 식이섬유가 풍부해요. 제품에 동봉된 소스를 뿌린 후 김을 곁들이면 특유의 냄새가 줄어든답니다. 파채나 달걀을 비벼 먹으면 든든한 한 끼가 되지요.

6 떠먹는 그릭 요구르트 + 제철 과일 + 슈퍼곡물

떠먹는 그릭 요구르트에 당도가 낮은 제철 과일과 슈퍼곡물을 곁들이세요. 맛과 영양이 풍부한 훌륭한 끼니가 될 거예요. 슈퍼곡물은 오메가3가 풍부하고 고소한 아마시드 가루나 햄프시드를 추천해요.

7 통밀 비스킷

노슈가 통밀 비스킷은 열량이
낮고 담백해서 입덧할 때
자주 먹었어요. 임신 초기,
입덧용 간식을 찾는 분들에게
추천합니다.

8 닭가슴살 칩, 김스낵

아기 걱정에 간식도 마음대로
먹을 수 없지요? 저는 '먹고 싶은
음식을 참는 것도 좋은 태교가
아니야'라며 닭가슴살 칩과
김스낵으로 스트레스를 풀었어요.
단백질, 무기질이 풍부해
죄책감이 적거든요.

9 견과류 + 건과일 + 검은콩

고소한 견과류와 달달한 건과일,
담백한 검은콩의 조합은
맛과 영양면에서 감히 최고라고
말할 수 있어요. 다만,
땅콩은 알레르기를 유발할 수
있으므로 피하는 것이 안전해요.

10 과일 칩

과자가 당길 땐 말린 과일 칩을
먹어 보세요. 자연적인 단맛과
바삭하게 씹히는 식감이 여느 과자
못지않답니다. 마트의 유아용
간식 코너에 가면 다양한 종류의
과일 칩을 만나볼 수 있어요.

11 멸치 스낵, 황태 스낵

첫째 아이 간식을 고르다 우연히
발견했어요. 멸치 스낵은 칼슘이
풍부하고 황태 스낵은 단백질
보충에도 제격이지요.
마트의 유아용 간식 코너나
건어물 코너에서 구입할 수 있어요.

가볍게 마시는 건강한 음료와 차

임신부라면 마실 거리도 조금 더 신경쓰세요!

1 무첨가 두유 + 마카 파우더 + 꿀
건강을 위해 무첨가 두유에 마카 파우더와
꿀을 1작은술씩 타서 마셔 보세요. 마카는
엽산, 철분, 칼슘이 풍부해 임신부나 임신을
준비하는 사람에게 특히 좋다고 해요.

2 코코넛 워터
코코넛 워터는 코코넛 특유의 고소한
향이 참 좋아요. 그뿐인가요? 수분 공급에
탁월하고 체내 각종 전해질과 미네랄의
균형을 유지시켜 줍니다. 특히,
코코넛 속 라우르산은 모유에
세균을 차단해줘 아기에게도 좋아요.

3 탄산수
콜라나 사이다 대신 탄산수를 마셔 보세요.
건강에도 좋고 톡톡 쏘는 탄산이 입덧을
가라앉히는 데 특효예요. 매실이나
오미자 원액 약간을 희석하면
탄산음료로도 즐길 수 있답니다.

4 들깨라떼
따뜻한 우유에 들깻가루 1큰술, 올리고당
적당량을 섞어 마시면 고소함의 정점,
들깨라떼가 완성돼요. 오메가3의 영양도
배가되고요. 따끈하고 고소한 차가 당기는
겨울철에 좋은 마실 거리예요.

5 대추차

대추는 단백질, 비타민A, B, C, 칼슘과
철분이 풍부해요. 따끈한 차로 마시면
혈액 순환이 원활해지고 불면증과
기침을 완화해준답니다.
생강을 추가해도 좋아요.

6 모과차

새콤한 향이 입덧을 가라앉혀 임신부들이
많이 마시는 차예요. 사포닌과 비타민C,
구연산이 들어있어 감기 예방과
피로 회복도 되고요. 면역력이 떨어지는
겨울철이나 감기 초기에
이 한 잔으로 건강을 지켜보세요.

7 감잎차

감잎차는 비타민C가 레몬의 50배에
달하는 천연 비타민제랍니다. 칼슘과
탄닌 성분이 태아의 골격 형성뿐 아니라
이뇨 작용, 면역력 강화에도 좋아요.
다만, 과다 섭취할 경우
변비가 악화되니 주의하세요.

8 루이보스차

임신부에게 좋은 차로 유명하지요?
루이보스 속 철분과 칼슘이 태아를
튼튼하게 성장시키고 알칼리 성분이
건강한 양수를 만들어줘요.
혈액 순환과 손발이 저리는 증상도
개선해주니 물 대신 마셔 보세요.

9 유자차

유자에는 철분이 많고 철분 흡수를
돕는 비타민C도 풍부해요. 감기 예방,
입덧 완화에도 효과적입니다.
단, 시판 유자차는 당분 함량이 높으니
많이 마시지 않도록 하세요.

10 민들레차

민들레차는 염증을 줄이는 효과가
탁월하고 비타민B, C가 풍부해 호흡기와
소화기에도 좋아요. 좋은 모유를
생성하는 성분이 많아 출산 후에도
꾸준히 마시는 것을 추천해요.

소품 협찬 두에컴퍼니(www.hbmarket.net)

후기 임신부를 위한 태교음식

임신 8개월부터 10개월까지

후기가 되니 배가 조리대에 자꾸만 부딪히고 불 앞에 서는 것도 부담스럽지요.
외식하자니 자극적인 맛 때문에 걱정되고요. 후기 태교음식은 솜씨가 서툰 남편도
쉽게 만들 수 있을 정도로 간단한 요리를 실었어요. 물론, 완성된 모습은
외식 메뉴 못지않게 멋스럽지요. 자극적이지 않아 위에 부담이 적은 영양밥이나
죽, 채소를 듬뿍 넣은 국과 피자 등 건강에 특별히 신경을 쓴 메뉴로
출산에 필요한 체력을 미리 비축하세요.

이런 메뉴들을 실었어요!

1 ___ 영양밥, 죽처럼 조리가 간편한 한 그릇 음식을 적극 활용했어요. 입맛대로
재료를 조합해 다양하게 응용할 수 있고 양념장을 곁들이면 질리지 않지요.

2 ___ 몸이 붓기 쉬운 후기에는 싱겁게 먹는 습관을 들이세요. 그러기 위해선 쌈 채소를
곁들이는 것이 제격! 식단에 채소가 부족하다 싶을 때는 언제든 더하세요.

3 ___ 소화 불량, 속 쓰림도 후기에 나타나는 흔한 증상이지요.
맵고 짠 음식보다는 재료 본연의 풍미를 느낄 수 있도록 담백한 맛을 살렸어요.
건강한 식습관이 아기에게도 긍정적인 영향을 줄 거예요.

낫토
김치비빔밥

❝ 배가 제법 나와 싱크대 앞에 서기만 해도 툭툭 부딪히는 후기에는 간편하면서도 가벼운 한 끼가
필요할 때입니다. 낫토 김치비빔밥은 김치와 채소, 조미김의 풍미가 좋아 낫토가 익숙하지 않아도
부담 없이 즐길 수 있어요. 담백한 달걀 덕분에 구수한 된장 비빔밥을 먹는 느낌이랍니다.
단백질과 식이섬유, 칼슘까지 풍부한 낫토를 비빔밥으로 도전해 보세요.

2인분

- 따뜻한 현미밥 1과 1/2공기
  (또는 잡곡밥, 300g)
- 낫토 2팩(100g)
  ★ 동봉된 간장소스, 겨자소스를
  활용하세요.
- 익은 배추김치 1/2컵(75g)
- 어린잎 채소 2줌(또는 쌈 채소, 40g)
- 달걀 2개
- 조미김 1/4컵(약 8g)
- 쪽파 2줄기
- 식용유 1작은술
- 들기름 2작은술(기호에 따라 가감)

1
쪽파는 송송 썬다.
김치는 한입 크기로 썬다.

2
달군 팬에 식용유를 두르고
달걀을 올려 중약 불에서 1분 30초간
반숙으로 익혀 덜어둔다.
★ 완숙은 뒤집어 1분간 더 익히세요.

3
낫토에 실이 생기도록 충분히 저은 후
간장소스, 겨자소스를 섞는다.

4
그릇에 모든 재료를 담는다.

견과류 강된장
부추비빔밥

> 자주 먹는 강된장에 아기 두뇌발달에 좋은 견과류를 넣어
> 영양과 고소함을 끌어올렸어요. 여기에 송송 썬 부추를 올린 밥을 곁들이면?
> 별다른 반찬 없이도 한 끼가 해결되지요. 감칠맛을 살리고 싶을 땐
> 견과류 대신 멸치 황태채가루(205쪽 참고)를 한 큰술 넣으세요.

2인분

- 따뜻한 현미밥 1과 1/2공기
  (또는 잡곡밥, 300g)
- 양파 1/2개(100g)
- 표고버섯 4개(100g)
- 애호박 1/3개(90g)
- 두부 큰 팩 1/4모(부침용, 약 75g)
- 부추 1/2줌(25g)
- 홍고추 1/2개
- 참기름 1큰술
- 물 1컵(200㎖)
- 다시마 5×5cm 2장
- 다진 견과류 1/4컵(25g)
  ★ 견과류의 씹히는 식감이 싫다면
  믹서에 곱게 갈아 넣어요.

양념

- 된장 3큰술(집 된장의 경우 2큰술)
- 고추장 1큰술
- 고춧가루 1작은술
- 다진 마늘 1작은술
- 후춧가루 약간

1
양파, 표고버섯, 애호박, 두부는
사방 1cm 크기로 썬다.

2
부추, 홍고추는 송송 썬다.
양념을 섞는다.

3
달군 냄비에 참기름, 양파,
표고버섯, 애호박, 홍고추를 넣고
중약 불에서 3분,
양념, 견과류를 넣고 30초간 볶는다.

4
물, 다시마, 두부를 넣고
중약 불에서 중간중간 저어가며
10분간 끓인 후 다시마를 건져낸다.
그릇에 밥, 부추를 담는다.

양배추를 더해 식이섬유 늘리기
김이 오른 찜기에 양배추 6장
(손바닥 크기, 180g)을 넣고
센 불에서 8~9분간 찐 후 곁들여도 좋아요.

간단 나물
비빔밥

비빔밥은 영양적으로나 맛으로나 부족함이 없는 한 그릇 음식이에요. 하지만 다양한 재료를 각각 조리하는 것이
여간 번거로운 게 아니지요. 이럴 때, 아주 '간단'하게 비빔밥을 만들 수 있는 방법이 여기 있어요.
재료를 다듬어 저수분으로 한 번에 쪄내는 것이지요. 복잡한 나물 조리가 한 번에 해결되고
설거지도 줄어들어 일석이조! 담백하고 다채로운 색상의 채소로 아기와 풍성한 식탁을 마주해 보세요.

변비탈출　　활력충전　　저염

2인분

- 따뜻한 현미밥 1과 1/2공기
  (또는 잡곡밥, 300g)
- 무 지름 10cm, 두께 1cm(100g)
- 애호박 1/3개(90g)
- 당근 1/4개(50g)
- 시금치 1줌(50g)
- 달걀 2개
- 고추장 2큰술(기호에 따라 가감)
- 물 4큰술
- 소금 1/3작은술
- 식용유 1작은술
- 참기름 약간

1

무, 애호박, 당근은 가늘게 채 썬다.
시금치는 2등분한다.

2

냄비에 물, 소금 → 무 → 애호박 →
당근 → 시금치 순으로 넣는다.
뚜껑을 덮어 가장 약한 불에서
9~10분간 익힌다.
★ 내열용기에 재료를 넣고
뚜껑을 덮어 전자레인지에서
7~8분간 익혀도 좋아요.

3

달군 팬에 식용유를 두르고
달걀을 올려 중약 불에서 1분 30초간
반숙으로 익혀 덜어둔다.
★ 완숙은 뒤집어 1분간 더 익히세요.

4

그릇에 모든 재료를 담는다.

**무, 애호박, 당근, 시금치를
다른 채소로 대체하기**
동량(290g)의 파프리카, 콩나물, 버섯,
피망, 알배기배추 등으로 대체해도 좋아요.

두부 양념장
통들깨 배추밥

10~15 min
(+ 쌀 불리기 30분, + 밥 짓기)

후기에는 발이 자주 붓고 다리에 쥐가 나서 새벽에 깨곤 해요. 그러다 보니 요리를 할 힘은 더욱이 없고요.
영양밥은 재료를 넣고 취사 버튼만 누르면 알아서 조리되니 예비 엄마들에게 최소한의 수고로 만드는
최고의 밥이 될 거예요. 맛이 좋은 건 당연하고요. 배추의 달큼한 맛, 두부 양념장의 매콤한 맛,
통들깨의 톡톡 터지는 식감이 참 조화롭답니다.

2인분

- 멥쌀 1컵(160g, 불린 후 200g)
- 현미 1/2컵(80g, 불린 후 100g)
  - ＊멥쌀 : 현미 = 2:1의 비율로 맞추세요.
- 알배기배추 7장(손바닥 크기,
  또는 배추 5장, 약 210g)
- 다진 돼지고기 100g
- 대파 10cm
- 양조간장 1큰술
- 올리고당 1작은술
- 통들깨 2큰술
- 후춧가루 약간
- 식용유 1큰술
- 물 1과 1/2컵(300㎖)

두부 양념장

- 두부 큰 팩 1/4모(찌개용, 75g)
- 송송 썬 청양고추 1개
  (기호에 따라 가감)
- 통깨 1큰술
- 고춧가루 2큰술
- 다진 파 3큰술
- 다진 마늘 1큰술
- 양조간장 3큰술

1

알배기배추는 1cm 두께로
어슷 썬다. 대파는 송송 썬다.
＊재료 손질 전 멥쌀, 현미는
물에 담가 30분간 불린 후
체에 밭쳐 물기를 빼주세요.

2

달군 팬에 식용유, 대파,
돼지고기, 후춧가루를 넣어 1분,
알배기배추, 양조간장,
올리고당을 넣고 30초간 볶는다.

3

전기밥솥에 불린 쌀, ②,
통들깨, 물을 넣고 취사한다.
밥이 다 되면 섞는다.

4

두부는 으깬 후 나머지
두부 양념장 재료와 섞는다.
완성된 밥에 곁들인다.
＊두부는 끓는 물에 살짝 데쳐서
사용해도 좋아요.

195

토마토밥

+ 양배추 된장국

＊후기

> 좋은 식재료는 그 자체만으로도
> 충분히 맛을 낼 수 있는 신비한
> 힘을 가졌어요. 소금으로 감칠맛을
> 더한 토마토에 올리브유, 파마산
> 치즈가루를 뿌린 풍미 가득
> 토마토밥과 위장에 좋고
> 칼륨, 식이섬유가 풍부한 양배추
> 된장국처럼요. 몸도 마음도
> 편해지는 밥상을 차려 보세요.

토마토밥

2인분

- 멥쌀 1컵(160g, 불린 후 200g)
- 현미 1/2컵(80g, 불린 후 100g)
  * 멥쌀 : 현미 = 2 : 1의 비율로 맞추세요.
- 토마토 2개(300g)
- 소금 1작은술
- 다시마 5×5cm 2장
- 물 1과 1/3컵(약 270㎖)
- 올리브유 1큰술
- 파마산 치즈가루 약간
- 후춧가루 약간

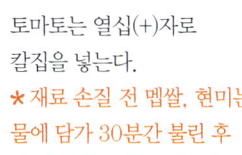

1

토마토는 열십(+)자로
칼집을 넣는다.
*＊재료 손질 전 멥쌀, 현미는
물에 담가 30분간 불린 후
체에 밭쳐 물기를 빼주세요.*

2

전기밥솥에 불린 쌀, 토마토, 소금,
다시마, 물을 넣고 취사한다.

3

밥이 다 되면 토마토는 껍질을 벗긴다.
밥에 올리브유, 파마산 치즈가루,
후춧가루를 넣고 토마토를
으깨가며 섞는다.

양배추 된장국

2인분

- 해감 바지락 1봉(200g)
- 양배추 6장(손바닥 크기,
  또는 알배기배추, 180g)
- 대파 10cm
- 다시마 5×5cm 2장
- 물 3컵(600㎖)
- 된장 2큰술
  (집 된장의 경우 1과 1/2큰술)
- 다진 마늘 1작은술

1

양배추는 한입 크기로 썬다.
대파는 송송 썬다.
바지락은 찬물에 담가 비벼가며
씻은 후 물기를 뺀다.

2

냄비에 바지락, 다시마, 물을 넣고
센 불에서 끓어오르면 다시마를
건져낸다. 중간 불로 줄여
양배추, 된장, 다진 마늘을 넣고 5분,
대파를 넣고 1분간 끓인다.

미역
해물밥

10~15 *min*
(+ 쌀 불리기 30분, + 밥 짓기)

짜지 않은 김치볶음 115쪽

出産일이 다가올수록 부종이 심해져 염분과 수분 섭취에 신경을 써야 해요.
미역 해물밥은 나트륨 배출에 효과적이고 감칠맛도 좋아 양념장을 과하게 쓰지 않을 수 있어 딱 제격이지요.
해물의 풍미가 깊게 밴 밥 한 그릇으로 건강한 한 끼를 즐겨 보세요.

빈혈예방　숙면　활력충전

2인분

- 멥쌀 1컵(160g, 불린 후 200g)
- 현미 1/2컵(80g, 불린 후 100g)
  *멥쌀 : 현미 = 2 : 1의 비율로 맞추세요.
- 마른 실미역 1/2줌(5g, 불린 후 50g)
- 오징어 1/2마리(90g)
- 바지락살 1/3컵(50g)
- 냉동 생새우살 4마리(킹 사이즈, 60g)
- 참기름 1큰술
- 청주 1큰술
- 다진 마늘 1작은술
- 물 1과 1/2컵(300㎖)

양념장

- 양조간장 2큰술
- 들기름 1큰술
- 고춧가루 1작은술
- 통깨 1/2작은술
- 다진 파 1작은술
- 다진 마늘 1/2작은술

1

냉동 생새우살은 해동한다.
미역은 찬물에 담가 10분간 불린 후
물기를 꼭 짠다.
*재료 손질 전 멥쌀, 현미는
　물에 담가 30분간 불린 후
　체에 밭쳐 물기를 빼주세요.

2

오징어 몸통은 0.5cm 두께로 썰고,
다리는 3cm 길이로 썬다.
*오징어 손질법 50쪽 참고

3

전기밥솥에 모든 재료를 넣고
취사한다. 밥이 다 되면
섞은 후 양념장을 곁들인다.

해물을 다른 재료로 대체하기
동량(200g)의 모둠 해물이나
냉동 해물 믹스로 대체해도 좋아요.
냉동 해물믹스는
찬물에 담가 해동한 후 더해요.

톳 조림밥

철분이 시금치의 4배, 칼슘이 우유의 14배인데다 열량까지 낮아 임신부에게 제격인 톳을 활용한 밥이에요. 톳을 넣고 밥을 짓는 것이 아니라 톳을 조린 후 밥과 섞는 것이어서 톳의 비릿한 향은 나지 않고 간도 취향대로 조절할 수 있지요.

2인분

- 따뜻한 현미밥 1과 1/2공기
  (또는 잡곡밥, 300g)
- 생 톳 1컵(100g)
- 다진 쇠고기(또는 다진 돼지고기) 100g
- 당근 1/4개(50g)
- 표고버섯 2개(50g)
- 식용유 1큰술

양념

- 양조간장 2큰술
- 맛술 1과 1/2큰술
- 물 1큰술
- 올리고당 1큰술
- 다진 마늘 1작은술
- 참기름 1작은술

1

톳은 바락바락 주물러 찬물에 흔들어
씻은 후 체에 밭쳐 물기를 뺀다.

2

다진 쇠고기는 키친타월로
핏물을 없앤다.
당근, 표고버섯, 톳은 잘게 썬다.
양념을 섞는다.

3

달군 냄비에 식용유, 다진 쇠고기를
넣고 중간 불에서 3분,
톳, 당근, 표고버섯을 넣고
1분간 볶는다.

4

양념을 넣고 국물이 거의 없어질
때까지 중간 불에서 3~4분간 조린다.
불을 끄고 밥을 넣어 섞는다.

생 톳을 염장 톳으로 대체하기
동량(100g)의 염장 톳으로 대체해도
좋아요. 과정 ①까지 진행한 후
잠길 만큼의 물에 1시간 이상 담가
중간중간 물을 갈아가며
짠맛을 없앤 후 사용하세요.

고구마 김치밥

+ 고등어구이

고구마와 김치는 떼려야 뗄 수 없는 관계이지요. 이 밥은 달콤한 고구마와 개운한 김치가 완벽한 조화를 이루는 메뉴예요. 일상적인 재료, 익숙한 조합이라고요? 하지만 한 입 먹으면 쉴 없이 먹게 되는 중독성이 강한 맛을 만나게 될 거예요. 밥 두세 공기쯤은 가뿐하니 과식하지 않게 조심하세요. 단백질이 풍부한 고등어를 곁들여 균형 잡힌 한 상을 차려 봅시다.

초간단 고단백 고칼슘

고구마 김치밥

2인분

- 멥쌀 1컵(160g, 불린 후 200g)
- 현미 1/2컵(80g, 불린 후 100g)
  ★ 멥쌀 : 현미 = 2 : 1의 비율로 맞추세요.
- 고구마 1개(200g)
- 익은 배추김치 1컵(150g)
- 양조간장 1큰술
- 참기름 1큰술
- 물 1과 1/2컵(300㎖)

1

고구마는 껍질을 벗긴 후
한입 크기로 썬다. 김치는
양념을 털어내고 한입 크기로 썬다.
★ 재료 손질 전 멥쌀, 현미는
물에 담가 30분간 불린 후
체에 밭쳐 물기를 빼주세요.

2

전기밥솥에 모든 재료를 넣고
취사한다.

고등어구이

2인분

- 손질 고등어 1마리
  (구이용, 약 300g)
- 소금 1작은술(기호에 따라 가감)
- 식용유 1큰술

1

고등어에 소금을 뿌려 밑간한다.

2

달군 팬에 식용유를 두르고
고등어의 껍질 부분이 팬에
먼저 닿도록 넣어 중간 불에서 3분,
중약 불로 줄인 후 6~7분간
뒤집어가며 노릇하게 굽는다.
★ 생선이 두꺼우면 1분간 더 구우세요.

멸치 쌈장
슈퍼곡물 쌈밥

" 요리에 감칠맛을 올리는 팁 하나!
멸치와 황태채, 건새우 등 칼슘과 단백질이 풍부한
건어물을 믹서에 갈아 요리할 때마다 1~2큰술씩
사용하는 거예요. 이 가루는 특히 쌈장과 궁합이
좋답니다. 쌈 채소에 슈퍼곡물을 활용한
밥 한 순가락, 멸치 쌈장을 싸서 먹으면
밥 한 그릇을 순식간에 비우게 될 거예요.

초간단   빈혈예방

2인분
- 멥쌀 1컵(160g, 불린 후 200g)
- 렌틸콩 1/2컵(80g, 불린 후 120g)
- 퀴노아 1/2컵(60g, 불린 후 80g)
- 물 2컵(400㎖)
- 쌈 채소 100g

멸치 황태채가루
- 중멸치 1/2컵(20g)
- 황태채 1/2컵(또는 건새우, 10g)

멸치 쌈장(냉장 3일)
- 곱게 다진 양파 1/4개분(50g)
- 멸치 황태채가루 1큰술
- 통깨 1큰술
- 다진 마늘 2큰술
- 올리고당 1큰술
- 된장 4큰술(집 된장의 경우 3큰술)
- 고추장 1과 1/2큰술
- 들기름 1큰술

1
전기밥솥에 불린 멥쌀, 렌틸콩,
퀴노아, 물을 넣고 취사한다.
★ 취사 전에 멥쌀, 렌틸콩, 퀴노아는
물에 담가 30분간 불린 후
체에 밭쳐 물기를 빼주세요.

2
달군 팬에 멸치, 황태채를 넣고
중약 불에서 2분간 볶은 후
한 김 식힌다. 믹서에 넣고 곱게 갈아
멸치 황태채가루를 만든다.

3
멸치 쌈장을 섞는다.

4
밥이 다 되면 섞은 후
멸치 쌈장, 쌈 채소를 곁들인다.

남은 멸치 황태채가루 활용하기
국, 찌개에 넣으면 감칠맛이 풍부해져요.

오징어 콩나물 비빔밥

15~20 *min*

가끔은 나 혼자 임신한 것 같고
울적할 때가 있어요. 남편의 야근이
줄줄이 소시지처럼 이어지면
이런 생각이 더욱 심해지고요.
그럴 때면 씹는 맛이 좋은 오징어
비빔밥을 해 먹어 보는 거예요.
매콤한 오징어와 통통한 콩나물을
오독오독 씹다 보면 어느새
'우리 남편, 오늘도 늦게까지
일하느라 얼마나 힘들까' 하며
남편을 이해하게 될 거랍니다.

변비탈출　　숙면　　활력충전

2인분

- 따뜻한 현미밥 1과 1/2공기
  (또는 잡곡밥, 300g)
- 오징어 1마리
  (270g, 손질 후 180g)
- 콩나물 2줌(100g)
- 쌈 채소(또는 어린잎 채소) 100g
- 깻잎 6장(12g)
- 대파 10cm
- 식용유 1큰술

양념

- 고춧가루 1큰술
- 다진 마늘 1큰술
- 맛술 2큰술
- 양조간장 1큰술
- 올리고당 1과 1/2큰술
- 고추장 3큰술
- 참기름 1큰술
- 후춧가루 약간

색다르게 즐기기
양념의 고추장을 2큰술로 줄이고
된장 1큰술을 더해
구수하게 즐겨도 좋아요.

1
쌈 채소는 한입 크기로 썰고,
깻잎은 가늘게 채 썬다.
대파는 송송 썬다.
오징어는 굵게 다진다.
＊ 오징어 손질법 50쪽 참고
＊ 재료 손질 전 콩나물 삶을 물
5컵을 끓이세요.

2
끓는 물에 콩나물을 넣고
센 불에서 4분간 삶는다.
체에 밭쳐 물기를 뺀 후 한 김 식힌다.

3
달군 팬에 식용유, 대파, 오징어를
넣어 센 불에서 2분,
양념을 넣고 1분간 바싹 볶는다.

4
그릇에 모든 재료를 담는다.

총각김치 볶음밥
+ 어묵탕

저희 친정 엄마는 청국장이나 김치찌개에 총각김치를 넣곤 하셨어요. 아삭하게 씹히는 맛이 좋아
총각김치만 골라 먹곤 했지요. 김치볶음밥처럼 대중적이고 쉬운 음식에 배추김치 대신
총각김치를 넣어 색다르게 만들었답니다. 산미와 감칠맛, 비타민C와 식이섬유,
칼슘과 철분이 풍부한 무청까지 모두 넣도록 하세요.

총각김치 볶음밥

2인분

- 현미밥 1과 1/2공기
  (또는 잡곡밥, 300g)
- 익은 총각김치 2~3개
  (또는 익은 깍두기 1컵, 150g)
- 달걀 2개
- 들기름(또는 참기름) 1큰술
- 식용유 1작은술

양념

- 올리고당 1/2큰술
- 양조간장 1작은술
- 통깨 약간

색다르게 즐기기
양념에 고추장 1작은술을 더해도 좋아요.

1
총각김치는 사방 1cm 크기로 썬다.
양념을 섞는다.

2
달군 팬에 식용유를 두르고
달걀을 올려 중약 불에서 1분 30초간
반숙으로 익혀 덜어둔다.
★ 완숙은 뒤집어 1분간 더 익히세요.

3
달군 팬에 들기름, 총각김치를 넣고
중간 불에서 3분, 센 불로 올려
밥, 양념을 넣고 1분 30초간 볶는다.
달걀프라이를 곁들인다.

어묵탕

2인분

- 모둠 어묵 200g
- 송송 썬 대파 15cm
- 쑥갓 1/3줌 (약 15g)
- 다진 마늘 1작은술
- 소금 1/2작은술(기호에 따라 가감)
- 후춧가루 약간

국물

- 국물용 멸치 10마리
- 다시마 5×5cm 2장
- 물 4컵(800㎖)

1
냄비에 국물 재료를 넣고 센 불에서
끓어오르면 중약 불로 줄여 10분간
끓인 후 건더기를 건져낸다.
**★ 완성된 국물의 양은 3컵(600㎖)이며
부족한 경우 물을 더하세요.**

2
어묵, 쑥갓은 한입 크기로 썬다.
①에 어묵, 다진 마늘, 소금을 넣어
센 불에서 끓어오르면 대파,
쑥갓, 후춧가루를 넣는다.
**★ 어묵은 끓는 물에 살짝 데쳐서
사용해도 좋아요.**

감자
버섯 들깨탕

감자 버섯 들깨탕을 참 좋아해요.
포근한 감자가 있어 한 끼
식사로도 충분하고, 묵직한 식감이
참 포근하거든요. 특히 후기에는
아기의 뇌가 커지고 뇌 조직의
수도 증가하는 때인 만큼
오메가3 지방산이 풍부한
음식들이 필요한데, 들깨를 충분히
넣었으니 아기의 성장 발달에
많은 도움이 되겠지요?
영양을 가득 머금은 이 뜨끈한
한 그릇, 이마에 송골송골
땀이 맺히도록 즐겨 보세요.

브로콜리 메추리알장조림 117쪽

초간단　활력충전　저염

2인분

- 감자 1개(200g)
- 모둠 버섯 150g
- 대파 10cm
- 청양고추 1개(기호에 따라 가감)
- 다시마 5×5cm 2장
- 액젓(멸치 또는 까나리) 1큰술
- 물 3컵(600㎖)
- 들깻가루 3큰술
- 다진 마늘 1/2큰술
- 소금 약간

1
감자, 모둠 버섯은 한입 크기로 썬다.
대파, 청양고추는 어슷 썬다.

2
냄비에 감자, 다시마, 액젓, 물을 넣고
센 불에서 끓어오르면 다시마를
건져낸다. 버섯을 넣고
중간 불로 줄여 4분간 끓인다.

3
대파, 청양고추, 들깻가루,
다진 마늘, 소금을 넣고
중간 불에서 1분간 끓인다.

떡국, 수제비로 즐기기
조랭이 떡 1컵(또는 떡국 떡, 100g)이나
시판 수제비 1컵(80g)을 과정 ②에서
버섯과 함께 넣고 끓이세요.

돼지고기
무잡채밥

> 불러오는 배가 장기를 누르는 느낌에 조금만 먹어도 속이 더부룩합니다. 이럴 땐
> 소화가 잘 되는 무밥을 만나보세요. 기름기를 줄이고 살짝 절인 무와 다양한 채소들을
> 심심하게 양념해 고소하기까지 해요. 모든 재료를 숟가락에 얹어 입안 가득 넣고 먹다 보면
> '엄마! 우리 조금만 더 힘내요!' 하는 아기의 응원이 들리는 듯합니다.

2인분

- 따뜻한 현미밥 1과 1/2공기
  (또는 잡곡밥, 300g)
- 돼지고기 잡채용 100g
- 무 지름 10cm 두께 1.5cm(150g)
- 파프리카 1개(200g)
- 양파 1/2개(100g)
- 시금치 1/2줌(25g)
- 소금 2작은술
- 참기름 1큰술

밑간

- 청주 1큰술
- 소금 약간
- 후촛가루 약간

양념

- 통깨 1/2큰술
- 국간장 1큰술
- 올리고당 1/2큰술

1

무, 파프리카, 양파는 굵게 채 썰고,
시금치는 2등분한다.

2

무, 소금을 버무려 10분간 절인다.
찬물에 헹군 후 면포로 감싸
물기를 꼭 짠다.

3

돼지고기는 키친타월로
핏물을 없앤 후 밑간과 버무린다.
양념을 섞는다.

4

달군 팬에 참기름, 돼지고기, 무,
양파를 넣고 중간 불에서 2분,
양념, 파프리카, 시금치를 넣고 1분간
볶는다. 그릇에 밥과 함께 담는다.

콩비지탕

+ 시금치 아마시드무침

> 아기를 만날 날이 다가올 때가 되니 친정 엄마의 음식이 자꾸 그립더라고요.
> 출산을 앞두고 점점 커지는 불안, 초조함을 위로받고 싶어서 그랬나 봐요. 그럴 때면,
> 저희 친정 엄마는 묵은 김치와 돼지고기를 듬뿍 넣어 콩비지탕을 한 솥 끓여주셨답니다.
> 단백질과 식이섬유, 칼슘과 비타민이 풍부한 콩비지탕은 제 소울푸드로 남아 있지요.

비혈예방 고단백 고칼슘

콩비지탕

2인분

- 시판 콩비지 300g
- 돼지고기 목살
  (또는 수육용 앞다릿살) 150g
- 익은 배추김치 1컵(150g)
- 홍고추 1개
- 청양고추 1개
- 대파 20cm
- 식용유 1큰술
- 새우젓 1/2큰술(기호에 따라 가감)
- 참기름 1작은술

국물

- 국물용 멸치 10마리
- 다시마 5×5cm 2장
- 물 3컵(600㎖)

밑간

- 다진 마늘 1큰술
- 맛술 1큰술
- 후춧가루 약간

덜 익은 김치로 만들기

하루 동안 실온에 두었다가 사용하거나
과정 ③에서 식초 1작은술을 더하세요.

1

냄비에 국물 재료를 넣고 센 불에서
끓어오르면 중약 불로 줄여
10분간 끓인 후 국물을 덜어둔다.

★완성된 국물의 양은 2컵(400㎖)이며
부족한 경우 물을 더하세요.

2

돼지고기는 키친타월로 핏물을 없앤 후
한입 크기로 썬 다음 밑간과 버무린다.
김치는 한입 크기로 썬다.
홍고추, 청양고추, 대파는 어슷 썬다.

3

달군 냄비에 식용유, 돼지고기,
김치를 넣고 중간 불에서 3분간 볶는다.

4

①의 국물, 콩비지, 새우젓을 넣고
센 불에서 끓어오르면 홍고추, 청양고추,
대파를 넣고 중간 불로 줄여 5분간
끓인다. 불을 끄고 참기름을 넣는다.

시금치 아마시드무침

2인분

- 시금치 6줌(300g)
- 아마시드 간 것 2큰술
- 국간장 1작은술
- 소금 약간

1

냄비에 물(5컵) + 소금(1큰술)을
넣고 끓어오르면 시금치를 넣고
센 불에서 20초간 데친 후
찬물에 헹궈 물기를 가볍게 짠다.
모든 재료를 무친다.

부추 닭곰탕
+ 참나물겉절이

곰탕을 즐겨 먹지 않지만
닭곰탕은 예외예요.
특히 이 부추 닭곰탕은 닭다리로
만들어 부드럽고 담백하기
때문이지요. 국물도 진하고요.
생각보다 간편해서
한 번 해보면 자주 밥상에 오를
거예요. 닭을 바글바글 끓여내
살을 발라낸 후 한소끔 끓여 주기만
하면 되거든요.
구수한 누룽지와 개운한 부추를
듬뿍 넣어 보양하세요.

부추 닭곰탕

2인분

- 닭다리 5~6개(500g)
- 시판 누룽지 1/2컵(40g)
- 부추 1줌(50g)
- 대파 10cm
- 다진 마늘 1작은술
- 소금 1/3작은술(기호에 따라 가감)
- 후춧가루 약간

국물

- 마늘 6쪽(30g)
- 대파 20cm
- 통후추 1작은술
- 물 6컵(1.2ℓ)

양념장

- 고춧가루 2큰술
- 다진 마늘 1/2큰술
- 양조간장 1/2큰술
- 닭 국물 2큰술

1

냄비에 닭다리, 국물 재료를 넣고
센 불에서 끓어오르면 중간 불로
줄여 20분간 끓인다.

★ **닭다리에 칼집을 넣으면
국물이 더 잘 우러나요.**

2

부추는 한입 크기로 썬다.
대파는 송송 썬다.

3

①의 국물을 체에 걸러낸 후
닭다리는 살만 발라낸다.
이때, 국물 2큰술은 양념장과 섞는다.

★ **살을 발라내지 않고
그대로 즐겨도 좋아요.**

4

냄비에 국물, 닭다릿살, 누룽지,
다진 마늘, 소금을 넣고 센 불에서
끓어오르면 중간 불로 줄여 5분,
부추, 대파, 후춧가루를 넣고 불을 끈다.
양념장을 곁들인다.

참나물겉절이

2인분

- 참나물 2줌(100g)

양념

- 식초 1/2큰술
- 고춧가루 1작은술
- 다진 마늘 1/2작은술
- 양조간장 1작은술
- 올리고당 1작은술
- 고추장 1작은술
- 통깨 약간

1

참나물은 한입 크기로 썬다.
양념을 섞은 후 참나물과 무친다.

217

연어 보리차 오차즈케

+ 오이절임

10~15 *min*

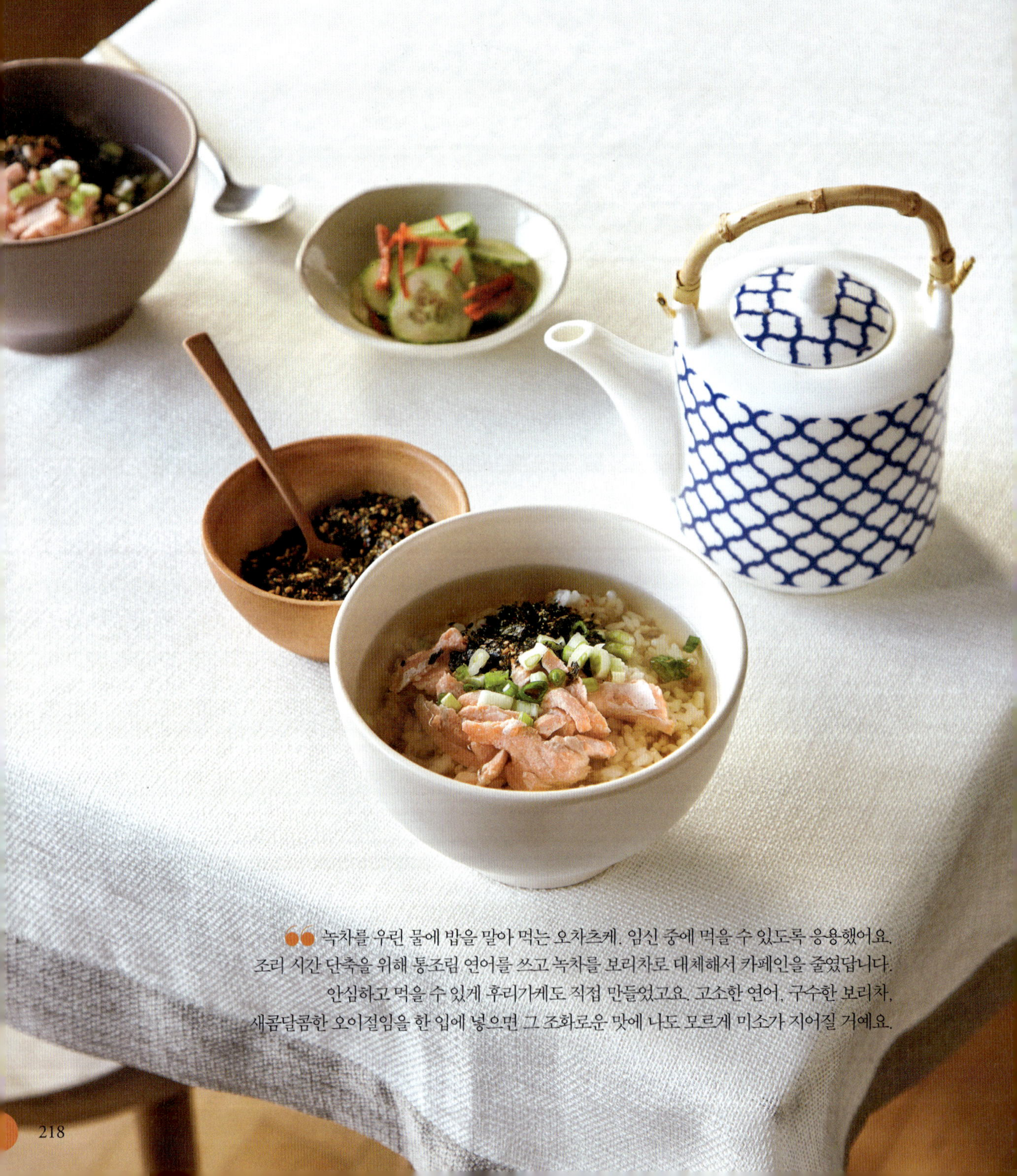

“ 녹차를 우린 물에 밥을 말아 먹는 오차즈케. 임신 중에 먹을 수 있도록 응용했어요. 조리 시간 단축을 위해 통조림 연어를 쓰고 녹차를 보리차로 대체해서 카페인을 줄였답니다. 안심하고 먹을 수 있게 후리가케도 직접 만들었고요. 고소한 연어, 구수한 보리차, 새콤달콤한 오이절임을 한 입에 넣으면 그 조화로운 맛에 나도 모르게 미소가 지어질 거예요.

연어 보리차 오차츠케

2인분

- 따뜻한 현미밥 1과 1/2공기
  (또는 잡곡밥, 300g)
- 보리차 티백 1개
- 물 3컵(600㎖)
- 통조림 연어 1캔(100g)

후리가케

- 통깨 2큰술
- 검은깨 1큰술
- 고춧가루 1작은술
- 조미김 1/4컵(약 8g)

비빔밥으로 즐기기

과정 ①의 보리차를 생략하고
양념장(60쪽 참고)이나 시판 초고추장,
쌈 채소 1줌(50g)을 넣고
비벼 먹어도 좋아요.

1
냄비에 물을 넣고 센 불에서 끓어오르면
보리차 티백을 넣고 불을 끈다.
5분간 우린 후 티백을 건져낸다.

2
위생팩에 후리가케 재료를 넣고
밀대로 부순다.

3
연어는 체에 밭쳐 끓는 물(3컵)을
끼얹어 기름기를 제거한다.

4
그릇에 모든 재료를 담는다.

오이절임

2인분

- 오이 1개(200g)

양념

- 물 1/2큰술
- 양조간장 1/2큰술
- 설탕 1작은술(기호에 따라 가감)
- 소금 1/2작은술
- 참기름 1작은술

1
오이는 송송 썬다.
양념을 섞은 후 오이와 버무린다.
★ 냉장실에 넣어 차게 즐기면
더 맛있어요.

해물 콩나물 김치죽

쪽파 김무침 118쪽

66 속이 더부룩하고 식욕이 떨어질 때는 소화가 잘 되는 죽을 조금씩 자주 먹는 것이 도움이 됩니다. 밥으로 끓인 죽은 쌀로 만든 죽보다 조리 시간이 짧아 만들기가 더 쉽지요. 주걱으로 저어가며 태어날 아기와 함께 할 순간을 상상해보세요. 아침에 나보다도 먼저 깨어 배시시 웃으며 배냇짓하는 녀석의 모습, 유모차를 끌고 온 가족이 함께 산책하기, 보송보송한 엉덩이를 토닥이며 잠재우기… 상상하다 보면 입맛 돋우는 죽 한 그릇이 완성된답니다.

빈혈예방   숙면   활력충전

2인분

- 따뜻한 현미밥 1공기
  (또는 잡곡밥, 200g)
- 냉동 해물 믹스 1컵
  (또는 낙지, 오징어,
  냉동 생새우살, 150g)
- 콩나물 3줌(150g)
- 익은 배추김치 1컵(150g)
- 참기름 1큰술 + 1/2큰술
- 다시마 5×5cm 3장
- 물 3컵(600㎖)
- 고추장 2큰술
- 국간장 1작은술
- 후춧가루 약간
- 소금 약간

1
냉동 해물 믹스는 해동한다.
김치는 한입 크기로 썬다.

2
달군 냄비에 참기름 1큰술,
김치를 넣고 중약 불에서 3분,
밥을 넣고 1분간 볶는다.

3
다시마, 물, 고추장을 넣어
센 불에서 끓어오르면 중간 불로
줄여 해물 믹스, 콩나물을 넣고
13~15분간 중간중간
저어가며 끓인다.

4
참기름 1/2큰술, 국간장, 후춧가루를
넣는다. 다시마를 건져낸 후
소금으로 부족한 간을 더한다.

 **덜 익은 김치로 만들기**
하루 동안 실온에 두었다가 사용하거나
과정 ②에서 식초 1작은술을 더하세요.

누룽지 황태죽

66 저장성 때문에 구비해두면 언제든
활용하기 좋은 재료인 황태채와
누룽지. 이 기특한 두 재료로
죽을 끓이면 술술 넘어가는 구수한
맛이 참 좋아요. 요리가 꼭 화려할
필요는 없어요. 가끔은 이렇게
소박하지만 손쉽게 만드는 요리가
훌륭한 한 끼가 되기도 하거든요.

아삭이고추무침 119쪽

2인분

- 시판 누룽지 1컵(80g)
- 황태채 1과 1/2컵(30g)
- 무 지름 10cm, 두께 1cm(100g)
- 대파 15cm
- 참기름 1작은술
- 국간장 1/2큰술
- 다진 마늘 1작은술
- 물 4컵(800㎖)
- 후춧가루 약간
- 소금 약간

1
황태채는 한입 크기로 자른다.
무는 가늘게 채 썬다.
대파는 송송 썬다.
★ 무 채 써는 법 51쪽 참고

2
황태채를 물에 담가 5분간 불린 후
건져 물기를 꼭 짠다.
이때, 황태채 불린 물은 따로 둔다.

3
달군 냄비에 참기름, 황태채,
무, 국간장, 다진 마늘을 넣고
중간 불에서 2분간 볶는다.

4
황태채 불린 물을 넣고 센 불에서
끓어오르면 중간 불로 줄인다.
누룽지, 대파를 넣고 중간중간
저어가며 10분간 끓인 후
후춧가루를 넣는다.
소금으로 부족한 간을 더한다.

닭가슴살
묵밥

10~15 min

도토리묵을 좋아하는 첫째 아이와
함께 도토리 노래를 부르면서 종종
만들었던 추억 가득한 요리에요.
덕분에 배 속의 둘째 아이 태교까지
자연스레 하면서 말이지요.
수분이 많고 열량은 낮은 도토리묵은
식감도 탱글탱글해서 재밌어요.
여름에는 시원하게, 찬바람 불 때면
따뜻하게 먹어보세요.

초간단   숙면

2인분

- 따뜻한 현미밥 1과 1/2공기
  (또는 잡곡밥, 300g)
- 도토리묵 1모(300g)
- 시판 훈제 닭가슴살 100g
- 쑥갓 1/2줌(또는 어린잎 채소, 25g)
- 익은 배추김치 1/2컵(75g)

밑간

- 국간장 2큰술
- 올리고당 1작은술
- 소금 약간

국물

- 국물용 멸치 10마리
- 다시마 5×5cm 3장
- 물 5컵(1ℓ)

양념

- 통깨 간 것 1작은술
- 참기름 1작은술
- 조미김 1/3컵(10g)

Tip

**훈제 닭가슴살을
삶은 닭가슴살로 대체하기**
닭가슴살 1쪽(100g)을
끓는 물 3컵 + 소금 1작은술에 넣고
센 불에서 15분간 삶아요.
한입 크기로 찢은 후 소금 1/3작은술,
후춧가루 약간과 섞어요.

1

냄비에 국물 재료를 넣고 센 불에서
끓어오르면 중약 불로 줄인다.
10분간 끓인 후 건더기를 건져낸
다음 밑간을 더한다.
*** 완성된 국물의 양은
4컵(800㎖)이며
부족한 경우 물을 더하세요.**

2

훈제 닭가슴살은 한입 크기로 찢는다.

3

도토리묵, 쑥갓은 한입 크기로 썬다.
김치는 한입 크기로 썬 후
양념과 버무린다.

4

그릇에 모든 재료를 담는다.

속 편한
달걀국수

> 국수를 만들 때 소면을 따로 삶아야 하는 것이 여간 귀찮은 일이 아니지요. 그러한
> 번거로움을 덜고자 소면을 함께 끓였어요. 덕분에 식감도 부드럽고, 만들기도 편하지요.
> 청경채는 아삭하게 혹은 뭉근하게 입맛대로 익히는 시간을 조절하세요.

초간단   소면   활력충전

2인분

- 소면 2줌(140g)
- 사각 어묵 2장(또는 모둠 어묵, 100g)
- 청경채 3개(또는 대파 20cm, 120g)
- 달걀 2개
- 국간장 1작은술
- 후춧가루 약간
- 소금 약간

국물

- 국물용 멸치 20마리
- 다시마 5×5cm 3장
- 물 10컵(2ℓ)

1
냄비에 국물 재료를 넣고 센 불에서
끓어오르면 중약 불로 줄여
10분간 끓인 후 건더기를 건져낸다.
★ 완성된 국물의 양은 9컵(1.8ℓ)이며
부족한 경우 물을 더하세요.

2
어묵은 가늘게 채 썰고
청경채는 길이로 4등분한다.
달걀을 푼다.
★ 어묵은 끓는 물에 살짝 데쳐서
사용해도 좋아요.

3
국물이 센 불에서 끓어오르면
소면, 어묵을 넣고 저어가며 2분,
청경채를 넣고 30초간 끓인다.
★ 청경채를 더 부드럽게 즐기고 싶다면
소면, 어묵과 함께 끓이세요.

 Tip

청경채를 다른 채소로 대체하기
한입 크기로 썬 시금치 1줌(50g) 또는
부추 1줌(50g), 송송 썬 대파 20cm로
대체해도 좋아요.

색다르게 즐기기
고소한 맛을 원한다면 조미김을,
매콤한 맛을 원한다면 고춧가루를
마지막에 더해도 좋아요.

4
달걀을 둘러가며 붓고 중간 불에서
1~2분간 그대로 끓인다.
국간장, 후춧가루를 넣는다.
소금으로 부족한 간을 더한다.

동남아풍
쌀국수 샐러드

❝ 예쁘고 앙증맞은 아기 용품을 보면 소비 욕구를 참기가
힘들어요. 그럴 땐, 색감이 예쁜 쌀국수 샐러드로
마음을 잠재워 보세요. 눈이 즐거움과 동시에 형형색색의
푸짐한 채소와 상큼한 드레싱 맛이 선사하는 이국적인
풍미에도 푹 빠지게 될 거예요.

빈혈예방　빈비틸굴　숙면

2인분

- 버미셀리 1과 1/2줌
  (또는 쌀국수 두께 3mm, 75g)
- 쇠고기 샤부샤부용 200g
  (또는 불고기용)
- 토마토 1개(150g)
- 양파 1/2개(100g)
- 파프리카 1/2개(100g)
- 상추 10장(50g)
- 청주 1큰술

드레싱

- 송송 썬 홍고추 1개
- 송송 썬 청양고추 1개
- 다진 마늘 1큰술
- 레몬즙 4큰술
- 식초 3큰술
- 액젓(멸치 또는 까나리) 3큰술
- 올리고당 4큰술
- 포도씨유 3큰술

**양파, 파프리카, 상추를
다른 채소로 대체하기**
동량(250g)의 오이, 쪽파,
양상추 등으로 대체해도 좋아요.

색다르게 즐기기
고소한 맛을 원한다면 드레싱에
다진 견과류 2큰술을 더해도 좋아요.

1
버미셀리는 잠길 만큼의 찬물에 담가
30분간 불린다. 드레싱을 섞는다.

2
토마토는 6~8등분한다.
양파, 상추는 가늘게 채 썬다.
파프리카는 굵게 다진다.
★ 재료 손질 전 버미셀리 삶을 물
4컵을 끓이세요.

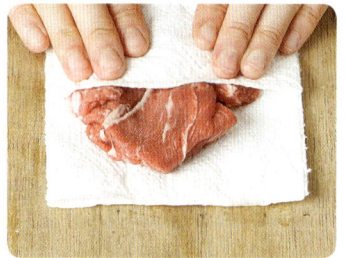

3
쇠고기는 키친타월로 핏물을 없앤 후
3~4등분한다.

4
끓는 물에 버미셀리를 넣고
센 불에서 30초간 삶은 후 건져
찬물에 헹군 다음 물기를 뺀다.
끓는 물에 쇠고기, 청주를 넣고
20~30초간 익힌 후 건져낸다.

5
모든 재료를 섞는다.

애호박
오일 파스타

> 애호박과 버섯. 된장찌개에 주로 넣어 먹던 일상적인 재료들도 때로는 새로운 맛을 가져다 주곤 해요.
> 담백한 오일 파스타에 함께 넣으면 살캉살캉하게 씹히는 식감이 자꾸 입맛을 당기게 하는 것처럼요.
> 이 파스타는 토마토 소스나 크림 소스보다 덜 자극적이어서 채소의 담백함을 즐기는 사람이라면
> 분명 좋아할 만한 요리입니다. 식감과 풍미만으로도 정직한 맛을 내니 출산 후에도 자주 해 먹게 될 거예요.

2인분

- 스파게티 2줌(160g)
- 애호박 1/3개(90g)
- 새송이버섯 1개(80g)
- 표고버섯 2개(50g)
- 베이컨 3장(42g)
- 마늘 5쪽(25g)
- 건고추 2개(또는 청양고추 1개)
- 스파게티 삶은 물 1/2~3/4컵
  (100~150㎖)
- 올리브유 2큰술 + 1큰술
- 통후추 간 것 약간
- 소금 약간

1

애호박, 새송이버섯, 표고버섯은
한입 크기로 썬다.
＊ 재료 손질 전 스파게티 삶을 물
(물 10컵 + 소금 1큰술)을 끓이세요.

2

마늘은 3~4등분하고
베이컨은 잘게 썬다.
건고추는 가늘게 자른다.

3

끓는 물에 스파게티를 넣고
포장지에 적힌 시간에서 1분을
제외하고 삶아 체에 밭쳐 물기를
뺀다. 스파게티 삶은 물을 덜어둔다.

4

달군 팬에 올리브유 2큰술,
마늘, 건고추를 넣고 중간 불에서 1분,
애호박, 새송이버섯, 표고버섯,
베이컨을 넣고 센 불로 올려
2분간 볶는다.

5

스파게티 삶은 물을 넣고 센 불에서
끓어오르면 스파게티를 넣고
중간 불로 줄여 2분간 볶는다.
불을 끄고 올리브유 1큰술,
통후추 간 것을 넣고,
소금으로 부족한 간을 더한다.

버섯 사용하기
새송이버섯, 표고버섯은 동량(130g)의
다른 버섯으로 대체해도 좋아요.

원팬
투움바 파스타

몸이 무거워지니 요리는 물론, 설거지마저
귀찮지요? 이럴 때는 예쁜 팬을 하나
준비해 요리부터 식사, 설거지까지
원스톱으로 해결되는 이 투움바 파스타를
만들어 보세요. 감칠맛 나는 훈제 연어와
칼칼한 청양고추가 느끼하지 않아 좋아요.
간단한 조리 과정에 비해 그럴듯해 보여서
어디에 내놓아도 맛있다고
칭찬받는 메뉴랍니다.

2인분

- 스파게티 2줌(160g)
- 훈제 연어 슬라이스 180g
- 시금치 1줌(또는 브로콜리 1/6개, 50g)
- 양파 1/4개(50g)
- 청양고추 1개(기호에 따라 가감)
- 통후추 간 것 약간

소스

- 송송 썬 쪽파 3줄기
- 고춧가루 1큰술
- 양조간장 1과 1/2큰술
- 우유 2컵(400㎖)
- 생크림 1과 1/2컵(300㎖)

1

훈제 연어, 시금치는 2등분한다.
양파는 굵게 채 썬다.
청양고추는 잘게 다진다.

2

스파게티는 2등분한다.
소스를 섞는다.

3

깊은 팬을 달궈 소스, 훈제연어,
양파, 스파게티를 넣고 센 불에서
끓어오르면 중간 불로 줄여
10분간 저어가며 끓인다.
★ 농도가 너무 되직할 경우
스파게티가 익은 후
따뜻한 우유 1/2컵(100㎖)을 더하세요.

4

시금치, 청양고추를 넣고
중간 불에서 4~5분간 볶는다.
불을 끄고 통후추 간 것을 넣는다.

키위잼
길거리 토스트

> 임신 내내 달걀물을 두툼하게 부쳐낸 길거리 토스트를 정말 많이 해 먹었어요. 혼자 끼니를 해결할 때
> 간단하게 만들 수 있는 것은 물론, 아삭하게 씹히는 채소들이 푸짐해서 건강에도 좋거든요. 설탕과 토마토케첩 대신
> 은은한 단맛을 내는 키위잼의 고급스러운 맛이 길거리 토스트라는 이름을 무색하게 만든답니다.

변비탈출 　숙면 　활력충전

2인분

- 곡물 식빵 4장
- 양배추 3장(손바닥 크기, 90g)
- 양파 1/4개(50g)
- 당근 1/4개(50g)
- 식용유 2작은술

키위잼

- 키위 2개(180g)
- 올리고당 2큰술

달걀물

- 달걀 3개
- 소금 1/2작은술
- 올리고당 1작은술

1
키위는 잘게 다진다. 내열용기에
키위잼 재료를 넣고 섞은 후
전자레인지에서 7~8분간 돌린다.
포크로 눌러 완전히 으깬 후
냉장실에서 차게 식힌다.

2
양배추, 양파, 당근은
가늘게 채 썬 후 달걀물과 섞는다.

3
달군 팬에 곡물 식빵을 올려
중약 불에서 앞뒤로 각각
1분~1분 30초씩 구워 덜어둔다.
팬을 다시 달궈 식용유 1작은술을
두르고 달걀물 1/2분량을 넣고
중약 불에서 2분간 뒤집어가며
익힌다. 같은 방법으로 더 만든다.

4
곡물 식빵에 키위잼을
나눠 바르고 달걀을 올린 후
다른 곡물 식빵으로 덮는다.

 **색다르게 즐기기**
키위잼을 베리 치아잼(164쪽 참고)
또는 시판 딸기잼으로 대체하거나
슬라이스 햄, 슬라이스 치즈를
더해도 좋아요.

매콤 멸치 누룽지피자
+ 홍합탕

별식이 생각날 때 누룽지피자를 만들어 보세요. 요리 프로그램에서 밥, 치즈, 조미김으로 누룽지피자를
만든 걸 보고 '칼슘이 풍부한 멸치를 매콤하게 볶아서 넣으면 맛있겠다' 싶어 응용했는데
가족들의 반응이 꽤 좋았어요. 매콤한 멸치볶음이 피자의 느끼함을 잡는 비장의 무기인 셈이지요.
여기에 철분이 풍부한 홍합탕을 곁들여 보세요. 이젠 별식도 영양을 생각하며 먹자고요.

매콤 멸치 누룽지피자

2인분

- 따뜻한 현미밥 1과 1/2공기
  (또는 잡곡밥, 300g)
- 슈레드 피자치즈 1/2컵(50g)
- 잔멸치 1/2컵(30g)
- 조미김 1/4컵(약 8g)
- 아마시드(또는 통깨) 1작은술
- 뜨거운 물 1/4컵(50㎖)

양념

- 올리고당 2큰술
- 고추장 1과 1/2큰술
- 참기름 1/2큰술
- 다진 마늘 1작은술
- 물 1/4컵(50㎖)

1
밥에 조미김, 아마시드, 뜨거운 물을
섞는다. 다른 볼에 양념을 섞는다.
＊ 밥의 상태에 따라 뜨거운 물의 양을
가감하세요.

2
달군 팬에 잔멸치를 넣고
중간 불에서 1분, 양념을 넣고
1분간 볶은 후 덜어둔다.

3
팬을 닦은 후 다시 달군 다음
①의 밥을 넣어 꾹꾹 눌러가며
얇게 편다. 중간 불에서 10분간
바삭해질 때까지 굽는다.

4
누룽지 1/2지점까지 ②와
피자치즈를 펼쳐 올린다.
누룽지를 반으로 접은 후
중간 불에서 뒤집어가며 피자치즈가
녹을 때까지 1~2분간 굽는다.

홍합탕

2인분

- 홍합 50~55개(1kg)
- 송송 썬 홍고추 1개
- 송송 썬 풋고추 1개
- 다진 마늘 1큰술
- 물 6컵(1.2ℓ)
- 소금 약간

1
홍합은 손질한다. 냄비에 모든
재료를 넣고 센 불에서 끓어오르면
중간 불로 줄여 5~7분간 끓인다.
＊ 홍합 손질법 50쪽 참고

고구마 에그슬럿

+ 들깨 드레싱 샐러드

10~15 min

몸이 힘든 후기에는 요리를 하려면 큰 결심이 필요해요. 하지만 아기를 생각하면 대충 때우기도 미안해져 '간편하면서도 건강하게 먹을 수 있는 음식이 많으면 좋겠다'고 늘 생각했지요. 그럴 때마다 해 먹던 것이 바로 고구마 에그슬럿이에요. 고구마, 치즈, 달걀, 맛있을 수밖에 없는 이 세 가지 재료를 한꺼번에 전자레인지로 익히면 완성! 구비해둔 샐러드용 채소를 곁들이면 간소하면서 식이섬유가 가득한 한 끼가 됩니다.

고구마 에그슬럿

2인분

- 삶은 고구마 2개
  (또는 단호박, 감자, 400g)
- 슬라이스 치즈 2장(생략 가능)
- 달걀 2개
- 우유 4큰술
- 후춧가루 약간

 색다르게 즐기기
다진 견과류를 더해도 좋아요.

1
2개의 내열용기에 삶은 고구마,
우유를 나눠 담은 후 곱게 으깬다.

2
①에 슬라이스 치즈 → 달걀 순으로
각각 나눠 넣고 전자레인지에서
3~4분간 익힌다. 후춧가루를 뿌린다.
★ 달걀 노른자가 터질 수 있으니
포크로 찔러 터트린 후 익히세요.

들깨 드레싱 샐러드

2인분

- 샐러드 채소 100g
- 사과 1/2개(100g)
- 양파 1/4개(50g)

들깨 드레싱

- 들깻가루(또는 통들깨) 2큰술
- 식초 1과 1/2큰술
- 올리고당 1큰술
- 들기름 2큰술
- 양조간장 1작은술
- 소금 약간

1
샐러드 채소는 한입 크기로 썰고
사과는 소금으로 문질러 씻은 후
껍질째 얇게 썬다.
양파는 가늘게 채 썬 후 찬물에 담가
매운맛을 없앤 다음 물기를 없앤다.

2
그릇에 모든 재료를 담고
들깨 드레싱을 곁들인다.

샐러드
또띠야피자

간편하고 신선하고 맛있어요. 그래서 많은 분들이 자주 만들어 먹을 거라고 장담하는 샐러드 또띠야피자예요.
양파, 베이컨을 볶고 준비된 재료를 착착 올리기만 하면 완성이지요. 개성이 뚜렷한 각각의 재료들이
상큼한 요구르트 드레싱을 만나 조화로운 맛을 냅니다. 치즈가 많이 들어가는 무거운 피자 대신
최소한의 가공을 거친 재료들로 만든 피자로 몸과 마음을 가볍게 만들어 보세요.

2인분

- 통밀 또띠야(8인치) 2장
- 방울토마토 10개(150g)
- 양파 1/2개(100g)
- 어린잎 채소 3줌(또는 샐러드 채소, 60g)
- 베이컨 2장(28g)

요구르트 드레싱

- 레몬즙 1큰술(기호에 따라 가감)
- 떠먹는 플레인 요구르트 4큰술
- 올리브유 1큰술
- 올리고당 2큰술
- 소금 1/2작은술

1
방울토마토는 2등분하고
양파는 2등분한 후 가늘게 채 썬다.
베이컨은 잘게 채 썬다.
요구르트 드레싱을 섞는다.

2
달군 팬에 통밀 또띠야를 넣고
약한 불에서 뒤집어가며
1분간 구운 후 덜어둔다.
★ 전자레인지에서 20~30초간
데워도 좋아요.

3
달군 팬에 양파, 베이컨을 넣어
중간 불에서 2분간 볶는다.

4
또띠야에 드레싱을 펼쳐 바르고
어린잎 채소 → ③ → 방울토마토
순으로 올린다.

색다르게 즐기기
파마산 치즈가루, 리코타 치즈,
스트링 치즈 등을 더해도 좋아요.

판자넬라
비트샐러드

15~20 *min*

“철분이 풍부한 비트는 주스, 피클 등에 붉은색을 낼 때
소량으로 넣는 재료예요. 몸에 좋은 비트를 주재료로
활용하고 싶다면 당근과 함께 가늘게 채 썰어 샐러드로
즐겨 보세요. 아삭아삭 씹히는 맛 덕분에 먹는 재미도 있지요.
마른 빵을 활용하는 이탈리아식 판자넬라에 응용하면
탄수화물까지 보충할 수 있어 영양면으로도 완벽해져요.

2인분

- 곡물 빵(또는 곡물 식빵) 2장
- 닭가슴살 1쪽(100g)
- 비트 1/4개(100g)
- 당근 1/3개(약 65g)
- 쌈 채소 100g
- 올리브유 1큰술
- 소금 약간
- 후춧가루 약간

밑간

- 올리브유 1큰술
- 다진 마늘 1작은술
- 소금 약간

드레싱

- 식초 3큰술
- 올리고당 2큰술
- 올리브유 2큰술
- 다진 마늘 1작은술
- 소금 1작은술(기호에 따라 가감)
- 통후추 간 것 약간

1

비트, 당근은 가늘게 채 썰고
쌈 채소는 한입 크기로 썬다.
닭가슴살은 0.5cm 두께로 어슷 썬 후
소금, 후춧가루와 버무린다.

2

곡물 빵은 한입 크기로 썬 후
밑간과 버무린다.

3

달군 팬에 곡물 빵을 넣고
중간 불에서 2~3분간 뒤집어가며
바삭하게 구워 덜어둔다.
팬을 다시 달궈 올리브유,
닭가슴살을 넣어 중간 불에서
3분간 뒤집어가며 굽는다.

4

드레싱을 섞은 후
모든 재료와 버무린다.

 Tip

비트, 당근을 다른 재료로 대체하기
동량(약 160g)의 방울토마토, 오이, 양파,
파프리카 등으로 대체해도 좋아요.

층층 오트밀

5~10 *min*
(+ 오트밀 불리기 5시간 이상)

❝ 귀리는 다른 곡류에 비해 단백질과 비타민, 철분, 섬유소가 풍부해 각광받는 슈퍼곡물이에요.
오버나이트 오트밀로 잘 알려진 이 요리는 전날, 오트밀(가공 압축 귀리)에 우유나 두유를 부어 하룻밤 불린 후
과일만 올리면 되기 때문에 간편한 아침 식사로 꽤 유명하답니다. 푸딩처럼 쫀쫀한 식감도 매력적이지요.
저는 출산 후 체중 조절을 위해서도 아침마다 즐겨 먹었답니다. 여기에 다른 슈퍼곡물을 더해도 좋아요.

초간단   변비탈출   저염   고칼슘

2인분

- 바나나 2개(200g)
- 오트밀 2컵(160g)
- 치아시드 2큰술(생략 가능)
- 우유 2컵(또는 무가당 두유,
  코코넛밀크, 아몬드밀크, 400㎖)
- 꿀 2큰술(기호에 따라 가감)
- 떠먹는 플레인 요구르트 1통
  (85g, 생략 가능)
- 제철 과일 1컵(기호에 따라 가감)

1

바나나는 0.5cm 두께로 썬다.

2

2개의 컵에 오트밀, 치아시드
→ 우유 + 꿀 → 바나나 → 떠먹는
플레인 요구르트 순으로 나눠 올린다.

3

뚜껑(또는 랩)을 덮어
냉장실에서 최소 5시간 이상 불린다.
먹기 직전 과일을 곁들인다.
★ 자기 전 냉장고에 넣어 두고
다음 날 먹으면 편리해요.

색다르게 즐기기
다진 견과류, 햄프시드, 통들깨를
곁들이면 식감이 더 좋아요.

구운 채소
퀴노아보울

> 퀴노아는 단백질이 풍부하고 일반 쌀에 비해 칼륨은 6배, 칼슘은 7배나 많아요. 지금껏 밥을 지을 때만
> 넣었다면 샐러드에도 더해 보세요. 냉장고 속 자투리 채소들을 오븐에 구워 퀴노아와 함께 버무리면
> 포만감이 커서 식사 대용으로 제격이에요. 채소를 굽지 않고 상큼한 드레싱과 버무려도 훌륭하지요.

벼비탁축　활력충전　저연

2인분

- 퀴노아 1컵(120g, 삶은 후 300g,
  또는 현미밥 1과 1/2공기)
- 파프리카 1개(200g)
- 애호박 1/2개(135g)
- 양파 1/2개(100g)
- 양송이버섯 4개(80g)

드레싱

- 발사믹 글레이즈 2큰술
  (또는 발사믹 식초 2큰술 +
  올리고당 1/2큰술)
- 올리브유 1큰술
- 소금 1/3작은술(기호에 따라 가감)

밑간

- 올리브유 2큰술
- 소금 1/2작은술
- 후춧가루 약간

1
끓는 물에 퀴노아를 넣고
센 불에서 끓어오르면 약한 불로 줄여
15분간 삶는다. 체에 밭쳐
찬물에 헹군 후 물기를 뺀다.
★ 오븐은 200℃로 예열해주세요.

2
파프리카, 애호박, 양파,
양송이버섯은 한입 크기로 썬다.
드레싱을 섞는다.

3
종이 포일을 깐 오븐 팬에 파프리카,
애호박, 양파, 양송이버섯을 올려
밑간과 버무린다. 오븐의 가운데 칸에서
15~20분간 구운 후 한 김 식힌다.

4
모든 재료를 섞는다.

단백질을 더해 든든하게 즐기기
구운 닭가슴살 또는 두부를
더해도 좋아요.

오븐을 팬으로 대체하기
달군 팬에 과정 ③의 재료를 넣고
센 불에서 4~5분간 중간중간
뒤집어가며 구우세요.

247

될까요? 안 될까요?

임신부가 특히 궁금해 하는 질문과 답변

입덧이 심할 때
매콤한 음식이 당기던데,
태아에게 괜찮을까요?

Yes

떡볶이나 낙지볶음 등 매콤한
음식을 먹으면 입덧이 가라앉고
스트레스가 풀리는 느낌이 들지요?
결론부터 말하자면 임신 기간 중
맵고 자극적인 음식은 아기에게
직접적으로 해가 되지는 않습니다.
다만 임신 중에는 소화기관이
예민하기 때문에 매운 정도가
너무 심하지 않고 먹는 양도
과하지 않도록 하세요.
수유기에도 모유에 매운맛과
향이 전해져 아이가 젖을
거부할 수 있으니 주의하세요.

빵, 라면, 파스타 등
밀가루 음식을 아주
좋아해요.
임신 중에 밀가루 음식을
많이 먹어도 될까요?

Yes

밀가루 알레르기가 없다면
특별히 제한할 필요는 없습니다.
하지만 밀가루 음식들은 대체로
열량이 높고 나쁜 포화지방을
가졌어요. 이왕 먹을 거면 건강한
밀가루로 만든 음식을 추천해요.
귀리, 통밀 등을 넣은 호밀빵,
통밀 파스타가 대표적이지요.
열량이 낮은 건 물론, 식이섬유
함량이 높아 변비를 예방하고 엽산,
천연 비타민이 풍부해 임신 중에
나타나는 트러블들을 완화하는 데도
도움이 된답니다. 마트에서도
쉽게 살 수 있어요.

견과류나 꿀을 먹으면
태아에게 아토피를
유발한다는 글을 봤어요.
정말 그런가요?

No

엄마에게 아토피나 특정 식품에 대한
알레르기 등 이상 반응이 없다면
태아에게도 문제가 되지 않습니다.
반대로 엄마에게 아토피, 알레르기
등이 있다면 그 원인이 되는 식품이
태아에게도 좋지 않겠지요?
식품에 대한 엄마의 이상 반응
여부에 따라 섭취를 조절하세요.
다만 땅콩은 과량 섭취 시 태아가
땅콩에 민감해질 수 있다는 연구
결과가 있으니 피하는 것이 안전해요.
엄마들이 걱정하는 증상들은
일반적으로 아기가 태어난 후에
먹는 식품과 관련이 있어요.
아기가 이유식을 시작하면 알레르기
유발 식품들을 하나하나 확인하고
되도록 늦게 먹이도록 하세요.
참고로 돌 전에 꿀을 먹이지 말라고
하는 것은 아토피 때문이 아니라,
꿀의 '보툴리눔'이란 성분이 돌 전에는
분해되기 어려워 중독이 나타날 수
있어 이를 예방하기 위함이랍니다.

임신했을 때
팥과 녹두는 먹지 말라고
하더라고요.
사실인가요?

No

인터넷상에서 임신 중에 팥과
녹두를 먹으면 안 된다는 말,
한 번쯤 본 적 있지요?
자궁을 수축시켜 조산의 위험을
높인다는 게 그 이유라고
알려져 있는데요.
사실, 이것에 대한 근거가
부족해요. 팥과 녹두를
피할 이유가 없습니다.
팥은 단백질, 철분,
비타민B_1이 풍부하고
녹두는 소화 흡수를 돕는걸요?
이처럼 임신 중이라고 해서
일상에서 접하는 음식들을
억지로 제한할 필요는 없답니다.

임신하면 임신부용
비타민제를 먹으라고
하더라고요.
임신 전에 먹던 일반
비타민제를 먹어도 되나요?

No

임신하면 몸의 상태가 변하는 것은
물론, 태아의 성장 발달로 인해
요구되는 영양소와 그 양이 임신 전과
달라지기 마련이에요. 그러므로
임신 전에 먹던 일반 비타민제는
임신부에게 적합하지 않아요.
비타민A, D, E 등의 지용성 비타민은
체내에 축적되고, 특히 비타민A는
과량 복용 시 태아의 기형을 유발할
수도 있어요. 즉, 임신부 권장량에
맞춰진 임신부용 비타민제를
복용하세요. 영양소가 풍부한 식사를
매 끼니 챙겨 먹기 힘들거나
임신 초기에 입덧이 심할 때,
철분 필요량이 급증하는 중기 등에
적절히 복용하면 건강한 임신과
출산에 도움이 될 겁니다.
만약 자신의 영양 상태를 잘
모르겠다면 의사와 상의하세요.

✱ 관련 정보 : 영양제, 바로 알고 먹기
(24쪽 참고)

과일을 좋아하는데
당 수치가 높다는
검사 결과를 받았어요.
과일을 먹어도 될까요?

Yes

과일은 식이섬유, 수분, 비타민,
무기질이 풍부해 임신부에게 좋은
식품입니다. 하지만 당 수치가
높거나 임신성 당뇨가 있으면
당도가 낮은 과일을 골라서
소량 먹어야 해요. 블루베리, 자몽,
토마토, 석류, 무화과가 좋아요.
필요한 영양소에 따라 먹는 것도
방법이에요. 엽산을 보충해야
한다면 오렌지, 아보카도, 키위,
딸기, 참외를, 식이섬유를 보충해야
한다면 바나나, 사과, 배, 복숭아,
자두를, 철분을 보충해야 한다면
포도, 수박, 체리를 섭취하세요.
건과일이나 주스는 당분 함량이
높으니 자제하세요.

✱ 관련 정보 : 임신부의 식재료 어떻게
골라야 할까?_과일류(28쪽 참고)

우유 소화 능력이 약해요. 대신 두유나 아몬드밀크를 마셔도 도움이 될까요?

Yes

우유만 마시면 배가 살살 아프거나 더부룩함을 호소하는 사람들이 있습니다. 유당불내증 때문인데요. 따뜻하게 데운 우유를 조금씩 천천히 마시면 증상이 완화돼요. 혹은 우유를 꾸준히 마시면 우유를 소화하는 능력이 생긴다고 합니다. 하지만 이렇게 스트레스를 받으면서 우유를 먹을 필요는 없어요. 유당이 분해된 요구르트나 치즈, 단백질량이 우유와 비슷한 두유, 비타민E와 비타민D가 풍부한 아몬드밀크로 대체하는 것도 좋은 방법입니다. 특히, 두유와 아몬드밀크는 열량과 지방 함량이 낮아 적정 체중을 유지하는 데에도 도움이 되지요. 다만 칼슘은 우유만큼 충분하지 않으니 다른 식품이나 영양제로 보충하세요.

✱ 관련 정보 : 임신부의 식재료 어떻게 골라야 할까?_우유 및 유제품(28쪽 참고)

생선을 좋아하는데 환경 호르몬이나 식중독 때문에 먹기 좀 찜찜해요. 임신 중, 생선을 먹어도 되나요?

Yes

생선과 어패류는 임신 중 훌륭한 단백질 공급원이고, 특히 등푸른 생선은 아기의 두뇌 발달에 도움이 되지요. 주로 회 또는 구이로 많이 먹기 때문에 두 가지 상황으로 구분해 설명할게요. 회나 초밥처럼 익히지 않고 날것으로 먹을 경우, 신선도를 확인하세요. 식중독에 걸릴 수 있거든요. 굴, 멍게, 해삼 같은 해산물은 신선해도 가끔 먹고 되도록 익혀 먹는 게 안전해요. 연어도 신선하면 회로 먹어도 되지만 많이 섭취하는 것은 곤란해요. 훈제 연어를 먹는 것도 좋은 방법이에요. 구이의 경우 섭취량에 신경 쓰세요. 구이로 먹는 생선은 대체로 크고 그만큼 중금속이 농축되어 있거든요. 참치, 옥돔처럼 큰 생선은 일주일에 100g 이하로 먹고 고등어, 연어, 광어, 꽁치, 갈치, 조기, 명태, 통조림 참치는 400g 이하로 섭취하세요. 우리가 보통 먹는 생선 1토막이 50~60g이므로 일주일에 2회를 초과하지 않는 것이 좋습니다.

✱ 관련 정보 : 임신 기간에 주의해야 할 식품과 성분들_날생선, 커다란 생선 (34쪽 참고)

아침에 커피 한 잔 마시는 습관을 고치기가 쉽지 않네요. 커피 대신 녹차나 홍차로 바꿔야 할까요?

No

카페인 때문에 커피를 마셔야 할지 말지 고민하는 엄마들이 참 많아요. 임신 초기에 카페인이 철분 흡수를 방해하고 태아의 신경계를 손상시킬 수 있다는 우려 때문일 거예요. 하지만 하루에 200mg 이하로 섭취하면 크게 문제 되지 않아요. 다시 말해 커피 한두 잔 정도는 괜찮습니다. 단, 무심코 먹는 식품 속 카페인 함량을 신경쓰세요. 커피믹스 1봉(12g)에는 70mg, 콜라 1캔(250㎖)에는 23mg, 초콜릿 1개(30g)에는 16mg, 커피우유 1개(200㎖)에는 47mg에 달하는 카페인이 들어있지요. 또한, 커피 대신 차를 마시는 엄마들도 많은데요. 일반적으로 홍차, 녹차, 우롱차같이 찻잎으로 만든 차에는 카페인이 다량 함유되어 있으므로 주의해야 합니다. 캐모마일처럼 식물의 뿌리, 과육, 꽃, 씨 등으로 만든 허브차는 임신부를 대상으로 한 안정성 검증이 부족하므로 한두 잔까지는 괜찮지만 생수 대신 마시면 곤란해요.

✱ 관련 정보 : 임신 기간에 주의해야 할 식품과 성분들_카페인, 탄산음료 (34쪽 참고)

기관지가 약해
감기에 너무 잘 걸려요.
감기약을 먹어도 될까요?

Yes

임신 중 약을 먹는 것에 대한 걱정은
클 수밖에 없습니다. 하지만
약 없이 무조건 참을 필요는 없어요.
실제로 임신 중, 약물로 인한
기형 발생률이 1%에 불과하다는
연구 결과도 이를 뒷받침하고
있지요. 또한, 임신부용 약은
국제적인 차원에서 안전 등급이
마련되어 있을 만큼 관리가
잘 되어 있어요. 이 밖에도 약에
대한 궁금한 사항이 있다면
한국마더세이프전문상담센터
(1588-7309)와 상담하세요.
감기가 심할 경우, 병원에 방문해
의사에게 치료를 받고요. 오히려
약 없이 버티다가 고열 등 추가적인
증상이 나타나고 태아에게
신경관 결손증을 유발할 수 있어요.
만약 감기에 걸릴 것 같거나 증상이
가벼워 약을 먹을 정도가 아니라면
적정 실내 습도를 유지하고,
비타민C가 풍부한 레몬, 유자로
만든 차를 마시세요.
저는 미세먼지가 심하거나
코감기 초기 증상이 나타났을 때
식염수로 한 코 세척이 많은
도움이 되었답니다.

입덧이 너무 심해요!
입덧 완화 손목밴드나
수액 주사 등이
효과가 있나요?

So~ So~

입덧 팔찌, 임신부 팔찌, 입덧 완화
밴드 등으로 불리는 제품들은
손목의 지압 점을 자극해 입덧을
누그러뜨리는 대체 의학의 원리를
적용한 것이에요.
사람마다 효과적일 수도, 그저 그럴
수도 있어요. 안전하고 저렴하다고
하니 시도해봐도 나쁘지 않을 거예요.
음식으로도 입덧을 완화할 수 있어요.
보통 새콤하고 차가운 음식,
냄새가 덜한 음식들이 도움이 돼요.
레시피편 임신 초기에 소개한
요리들을 참고하세요.
그리고 음식은 조금씩 자주 먹고,
마실 거리는 식사와 식사 사이에
충분히 마시는 것이 좋습니다.
양치하다가 구토하는 경우도 많은데
이때는 물로만 양치하거나 향이 없는
어린이용 치약을 써보세요. 입덧이
너무 심해 탈수 증상이 나타나면 수액
주사가 도움이 될 수 있습니다.
최근 개발된 입덧 치료제는 안전하고
치료 효과도 비교적 우수해요. 의사의
처방으로 구입할 수 있습니다.

★ 관련 정보 : 임신부 괴롭히는 증상 완화를
위한 식생활 지침_입덧(39쪽 참고)

체중이 많이 늘어
걱정입니다.
임신 기간에 운동을 해도
될까요?

Yes

조기 진통이나 질 출혈의 문제가
없다면 임신 중 운동은 적극적으로
추천합니다. 체중 관리에 도움이
될 뿐 아니라 체력 향상, 요통 예방,
순산과 산후 비만 예방까지
긍정적인 영향을 주거든요.
안정이 중요한 임신 초기에는
산책, 맨손 체조와 같은 가벼운
운동을 30분가량 하는 것이
좋습니다. 16주가 지난 임신 중기
이후에는 걷기(1시간)나 수영,
요가 등 평소 즐겼던 중등도의
운동 위주로 안전하게 하는 것이
중요해요. 임신 후기에도 초기처럼
가벼운 운동을 하세요. 수상스키,
스키, 골프, 승마, 스킨스쿠버처럼
격렬하고 운동 범위가 넓거나
중심 잡기가 힘든 운동은 금하도록
합니다. 운동 중 어지럼증, 복통,
출혈 등 이상 징후를 느낀다면
바로 중단하세요.

산후 조리와 모유 수유를 돕는 식생활

건강하고 아름다운 몸을 되찾고 모유의 질도 높이는 방법

출산 후 나타나는 증상별 완화 방법

머리카락이 쑥쑥 빠져요

임신 중 증가한 에스트로겐이 출산 후 정상적으로
되면서 모발의 성장이 멈추고 모근이 약해져
머리카락이 많이 빠져요.
이렇게 해보세요! 단백질, 아미노산, 시스테인
성분이 풍부한 검은콩, 달걀, 굴, 청국장 등을
먹어요.

체중이 되돌아가지 않아요

아이를 낳은 후, 늘어난 체중은
산욕기를 거치면서 서서히 빠질 거예요.
이렇게 해보세요! 영양 균형을 맞춰 먹는 것이
중요해요. 식사량을 갑자기 줄이면 위장장애나
폭식으로 이어질 수 있으니 주의하세요.
가벼운 스트레칭은 출산 후 빠를 수록 좋고,
일반적인 운동은 3개월 이후부터 하세요.

부기가 빠지지 않아요

걷기 힘들 정도로 부기가 심할 수 있어요.
출산 후 3~4일부터 1개월 동안
아래 수칙을 지키면 해결될 거예요.
이렇게 해보세요! 짜게 먹지 말고, 부기
제거에 도움이 되는 호박이나 옥수수수염차를
섭취하세요. 특히 스트레칭, 요가처럼 가벼운
운동은 혈액 순환을 도와줍니다.

잇몸이 약해지고 피가 나요

일시적인 증상일 수 있지만 헐거워진 치아가
풍치나 잇몸 질환을 유발할 수 있어요.
이렇게 해보세요! 딱딱하거나 찬 음식은 피하세요.
칫솔질과 치실을 올바르게 하세요.

기미가 심해지고 각질이 일어나요

충분한 휴식과 수면, 비타민과 미네랄제로
부족한 영양을 채우세요.
각질에는 충분한 보습이 필요해요.
이렇게 해보세요! 호르몬이 균형적으로
분비되도록 영양소를 고루 갖춰 먹어요.

변비가 생기기 쉬워요

임신 중 생긴 장운동 저하가 출산 후에도
며칠간 지속되고, 회음절개 부위의 통증,
스트레스 등으로 변비가 올 수 있어요.
이렇게 해보세요! 해조류, 바나나, 고구마등
식이섬유가 풍부한 음식을 먹고 물을 많이 마셔요.

자궁의 수축 속도가 더뎌요

축구공만 하던 자궁이 6주 후에는 달걀만큼 작아져요.
자궁 회복은 산후 회복 속도에 비례해요.
이렇게 해보세요! 요오드, 칼슘, 철분이 풍부하고
노폐물 배출을 돕는 미역국 및 고단백의 식단을 먹어요.

임신과 출산이라는 긴 여정이 잘 마무리 되었습니다. 분만 후 회복기인 '산욕기'는 여성에게는 제2의 탄생이라고 불릴 만큼 매우 중요한 시기입니다. 약해진 몸을 추스르고 앞으로의 육아를 위해 적절한 영양을 공급해서 회복해야 하지요. 잘 먹고 잘 회복하는 산후 몸조리는 엄마뿐 아니라 아기의 건강을 위해서도 필수적이랍니다.

수유부에게 중요한 세 가지 영양소와 수분 ★관련 정보 : 하루 영양 섭취 기준_수유부(12쪽 참고)

단백질 아기의 뇌와 몸의 세포를 만드는 중요한 영양소 중 하나. 모유를 건강하게 유지하고 엄마의 기력 회복을 위해 단백질은 필수예요.

1 __ 단백질은 주로 고기, 달걀, 콩류, 우유 및 유제품 등으로 보충해요. 동물성 단백질에 포함된 지방질은 유선을 막히게 할 수 있으니 살코기나 닭가슴살, 지방이 적은 흰살 생선이나 고등어 같은 등푸른 생선을 먹는 것이 좋아요.

2 __ 하루에 고기와 콩류는 150g, 우유는 2~3컵, 달걀은 1~2개가 적당해요.

3 __ 요구르트나 두유는 당도가 높지 않은 제품으로 고르세요.

철분 아기의 발육에 중요한 영양소. 또한 출산 시 출혈이 많으므로 빈혈이 생기지 않도록 보충해야 합니다.

1 __ 굴, 미역과 같은 해조류는 채소류, 과일류와 함께 먹으면 철분의 흡수율이 올라가요.

2 __ 임신부의 철분제는 수유 중에 먹어도 좋아요. 특히, 빈혈 예방 혹은 빈혈 교정은 산후회복에 매우 중요하므로 출산 후 2개월까지 복용하세요.

칼슘 아기의 치아와 뼈를 구성하는 필수 영양소. 엄마에게도 중요한 영양소예요. 칼슘 섭취량이 부족할 경우 엄마의 뼈에서 칼슘이 빠져나가 골다공증이 생길 수 있어요.

1 __ 우유 및 유제품, 콩류, 곡류, 채소나 해조류 등을 섭취하세요.

2 __ 유제품은 과도하게 섭취하면 아기에게 알레르기 반응이 나타날 수 있고 해조류는 갑상선에 영향을 줄 수 있으니 각각 하루 1회만 섭취하세요.

3 __ 가공식품에는 칼슘 흡수를 방해하는 인, 염분, 설탕이 다량 함유되어 있으니 피하도록 하세요.

수분 엄마의 하얀 피라고 불리는 모유는 혈액 즉, 수분으로 만들어져요. 수유 중에 갈증을 느끼는 이유이지요. 수분은 모유의 양과 질을 결정하는 데 중요한 요소입니다.

1 __ 충분한 모유 분비를 위해 하루 1.5ℓ 가량의 물을 마셔요. 그래야 변비와 탈수도 막을 수 있어요.

2 __ 당분이 많은 음료는 모유의 농도를 묽게 만들 수 있으니 주의하세요.

빠른 회복, 건강한 수유를 위한 식생활

수유를 해도 과식은 금물이에요

모유 수유를 한다면 임신 전 열량에 300kcal 정도를
추가로 섭취합니다. 고열량의 산후 보양식을 먹으면 산후
비만은 물론 젖몸살이나 유선염을 일으킬 수 있어요.
예전에는 출산 후, 잉어나 가물치, 우족탕 등 보양식을
추천했지만 지금은 삼시 세 끼를 골고루 먹되 고단백,
저지방으로 구성해 열량을 적절히 지키는 것이 좋아요.
밥, 빵 같은 탄수화물은 줄이고 해조류나 버섯, 채소 등
섬유질이 많은 음식을 넉넉히 먹어 포만감이 부족하지
않도록 하세요. 모유 수유를 하지 않는다면 임신 전과
동일한 열량을 섭취하면 돼요.

소화가 잘 되고 염도가 낮은 음식을 먹어요

산후에는 위장 기능이 저하되어 있어요. 기름진 음식이나
섬유질이 지나치게 많은 음식은 위장에 무리가 갈 수
있답니다. 또한 염분은 고혈압이나 부종의 원인이 되고
혈액 순환을 방해해 모유 분비를 저하시켜요. 요리할 때
되도록 소금, 설탕, 기름을 적게 넣어 '싱겁다'고 느껴질
정도로 심심하게 간하는 것이 좋아요. 되도록 가공식품은
피하고, 소화가 안 될땐 위에 부담이 적은 영양죽을 먹는
것도 도움이 됩니다.

맵고 자극적인 음식은 줄이세요

출산하면 매운 김치 대신 백김치를 먹는다고 하지요?
매운 음식 속의 캡사이신이 아기에게 전달되기
때문이에요. 아이에 따라서는 따끔거리거나 복통,
설사가 나타날 수 있어요. 생강, 마늘, 강한 향신료는
모유에서 독특한 냄새가 나게 하므로 매운 음식은
적당히 먹도록 하세요.

달고 지방이 많은 음식은 피하세요

달고 지방이 많은 음식은 유선을 막아 젖몸살을 일으킬
수 있습니다. 특히 식혜는 주재료인 엿기름이 모유의
양을 줄이기 때문에 너무 많이 먹지 않는 것이 좋아요.

카페인이 들어 있는 식품은 적정량만 드세요

모유로 나오는 카페인의 양은 섭취 후 1시간 내 최고점에
달하지만 그 수치가 매우 낮아요. 하지만 지속적으로
카페인을 섭취하면 철분 흡수율이 떨어져 빈혈을
일으킬 수 있어요. 카페인이 아기의 수면을 방해할 수도
있지요. 하루 200mg 이하(커피 1~2잔)로 섭취하는 것이
안전해요. 초콜릿, 홍차 등의 카페인 함량도 확인하세요.
✱ 카페인 함량(34쪽 참고)

알레르기 유발 음식은 꼭 확인 후 피하세요

엄마가 특정 식품에 알레르기가 있거나 알레르기 질환을
가진 사람이 가족 중 있는 경우, 또는 아기가 태열이
심할 때는 달걀 흰자나 새우, 게와 같이 알레르기
발생 위험도가 높은 음식은 피하는 것이 좋아요

약은 처방 전 꼭 확인하고 주의사항을 숙지하세요

아기에게 영향을 줄 수 있는 약물은 삼가도록 합니다.

피치 못할 상황이라면 의료진에게 반드시 수유 중임을
알려 적합한 약물을 처방 받으세요. 모유에
영향을 주는 약을 먹었을 경우 유축기로 모유를 짜낸 후
수유하세요. 수유 중 처방 받은 약일지라도
복용하고 1~3시간 후에 수유하도록 하세요.

알코올은 먹지 않는 것이 좋아요

알코올은 모유 사출 반사를 억제하고 아기의 뇌세포를
손상시켜 임신 기간부터 수유기까지 먹지 않는 것이
좋아요.

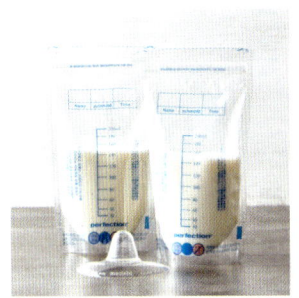

모유를 짜서 보관할 경우 실온에서는 4시간 전후,
냉장실에서는 2일, 냉동실에서는 1~2개월 정도
보관이 가능해요. 냉동한 모유는 먹이기 2시간 전에
냉장실로 옮겨 해동한 후 따뜻한 물로 중탕해
약간 미지근하게 데워 먹이세요.

체질에 영향 받는 산후 우울증, 음식으로도 완화할 수 있어요!

도움말 배주한(갑오한의원)

엄마가 된 건 무엇보다 기쁜 일이지만 젖몸살에
밤 수유, 수면 부족 등으로 몸과 마음이 지치다 보면
산후 우울증이 나타나기도 하지요.
산모마다 강도로 다르게 나타나는 산후 우울증.
이 증상이 체질과도 관련 있다는 것을 아시나요?

한의학에서는 내성적이고 몸이 찬 체질(추위를 많이
타고 손발이 차며, 감기를 앓을 때 으슬으슬하게
한기를 느끼는 사람)의 산모에게 산후 우울증이 나타날
가능성이 조금 더 크다고 해요. 이런 산모들은 몸을
따뜻하게 하고 정신을 안정시키는 <u>인삼차, 계피차,
생강차</u> 등이 도움이 될 수 있어요.

또한 따뜻한 성질의 식재료를 먹는 것도 좋다고 합니다.
몸을 따뜻하게 하는 식재료 중에서 수유부가 먹기 좋은
것으로는 <u>닭고기, 갈치, 조기, 대구, 당근, 양파, 피망,
무, 취나물, 귤, 살구, 대추</u> 등이 있어요.

반면 열이 많은 체질(더위를 많이 타고 손발이 따뜻하며
감기를 앓을 때 열이 심한 사람)의 산모일 경우, 화가
많이 나고 감정 조절이 잘 안되는 화병과 비슷한 증상이
나타날 가능성이 있어요. 이때는 몸을 시원하게 할 수
있는 <u>녹차나 감잎차, 결명자차</u>를 마시는 것이 좋습니다.

몸을 시원하게 하는 식재료 중 수유부에게 권할 만한
것으로는 <u>돼지고기, 오리고기, 오징어, 낙지, 고등어,
굴, 홍합, 전복, 장어, 오이, 가지, 배추, 미나리, 셀러리,
표고버섯, 딸기, 바나나, 키위, 배, 수박, 참외, 포도,
미역, 다시마, 김</u> 등이 있습니다.
이렇게 식재료를 체질에 맞춰 선택하면
산후 우울증을 회복하는 데에 도움이 될 수 있답니다.

책 속에서 고른 수유부에게도 참 좋은 메뉴

✱ 산후 보양식

단백질과 칼슘이 풍부하고, 산후 조리에 도움이 되는 식재료를 활용한 메뉴들. 칼로리가 높지 않아 넉넉히 먹어도 부담이
없답니다. 보양식으로 당분과 지방이 많은 고칼로리 음식을 먹으면 유선을 막아 젖몸살을 앓을 수 있으니 주의하세요.

60
모둠 해초비빔밥

96
훈제오리 콩나물 냉채와
또띠야쌈

122
바지락 쑥갓비빔밥

140
고등어 시래기찜

154
담백한
닭가슴살 닭개장

156
맑은 굴탕

158
밀푀유나베

178
모둠 버섯 소스
가자미조림

194
두부 양념장
통들깨 배추밥

198
미역 해물밥

200
톳 조림밥

210
감자 버섯 들깨탕

214
콩비지탕
+
시금치 아마시드무침

216
부추 닭곰탕
+
참나물겉절이

220
해물 콩나물 김치죽

✱ 아침 식사나 간식

출산 후 빠른 회복과 건강한 수유를 위해서는 영양 균형을 딱 맞춘 건강식으로 먹는 것이 필요해요. 입맛 없을 때 먹으면
좋을 아침 식사, 출출한 오후 간식으로 쉽고 빠르게 조리할 수 있는 메뉴를 추천할게요. 속도 편하고 든든함도 충분해요.

88
제철 과일 그릭 요거볼
+
바나나잼 토스트

94
샥슈카와 곡물빵

98
버섯 시금치오믈렛
+
시트러스 스무디

100
부추 프리타타

104
토마토 가스파초
+
단호박버무리

106
렌틸콩 찹샐러드

108
머스터드 드레싱
메추리알 감자샐러드

112
그린 · 레드 스무디볼

166
양파 버섯샌드위치

218
연어 보리차 오차츠케
+
오이절임

222
누룽지 황태죽

234
키위잼 길거리 토스트

238
고구마 에그슬럿
+
들깨 드레싱 샐러드

240
샐러드 또띠야피자

244
층층 오트밀

✱ 점심이나 저녁 식사

칼로리, 염분은 낮고 단백질, 식이섬유는 풍부해 열량 부담 없이 배불리 먹을 수 있는 메뉴예요. 수유기 때는 돌아서면 배고프기 때문에 포만감이 오래가는 음식이 좋아요. 특히 저녁 식사로 먹는다면 야식을 줄이는데 도움이 될 거예요.

56
무생채비빔밥

68
깻잎 토마토리조또

80
아삭 채소
매실청 메밀국수

102
키위 살사
연어스테이크

148
달걀말이김밥

150
닭가슴살
양배추 김마끼

168
불고기
케일치아바타

176
저수분 떡볶이

188
낫토 김치비빔밥

192
간단
나물 비빔밥

196
토마토밥
+
양배추 된장국

212
돼지고기
무잡채밥

224
닭가슴살 묵밥

242
판자넬라
비트샐러드

246
구운 채소
퀴노아보울

입맛 따라 골라 먹는 다양한 미역국 레시피

쇠고기 미역국

10~15분(+ 미역 불리기 10분, + 끓이기 30분) / 2~3인분

마른 실미역 2줌(10g, 불린 후 약 100g), 쇠고기 국거리용
(또는 양지머리, 사태) 200g, 참기름 1큰술, 국간장 1큰술,
물 1/2컵(100㎖) + 5와 1/2컵(1.1ℓ), 다진 마늘 1/2큰술,
소금 1/3작은술(기호에 따라 가감)

1 미역은 찬물에 담가 10분간 불린다. 바락바락 주물러
   씻은 다음 물기를 꼭 짠 후 한입 크기로 썬다.

2 쇠고기는 키친타월로 핏물을 없앤다.

3 달군 냄비에 참기름, 쇠고기, 국간장을 넣어
   센 불에서 1분 30초, 미역을 넣어 1~2분,
   물 1/2컵(100㎖)을 넣고 3분간 볶는다.

4 물 5와 1/2컵(1.1ℓ)을 넣고 센 불에서 끓어오르면
   중약 불로 줄여 뚜껑을 덮고 25분,
   다진 마늘을 넣고 5분간 끓인 다음 소금을 넣는다.
   ✱ 끓어오르면서 생기는 거품은 숟가락으로
   걷어내야 국물이 깔끔해요.

굴 미역국

10~15분(+ 미역 불리기 10분, + 끓이기 25분) / 2~3인분

마른 실미역 2줌(10g, 불린 후 약 100g), 굴 1컵(또는 홍합살)
200g), 참기름 1큰술, 국간장 1큰술, 물 1/2컵(100㎖) +
5와 1/2컵(1.1ℓ), 국물용 멸치 5마리,
소금 1/3작은술(기호에 따라 가감)

1 미역은 찬물에 담가 10분간 불린다. 바락바락 주물러
   씻은 다음 물기를 꼭 짠 후 한입 크기로 썬다.

2 굴은 체에 밭쳐 물(4컵) + 소금(1큰술)이
   담긴 볼에 넣고 살살 흔들어 씻은 후 물기를 뺀다.

3 달군 냄비에 참기름, 미역, 국간장을 넣어 센 불에서
   1~2분, 물 1/2컵(100㎖)을 넣고 3분간 볶는다.

4 물 5와 1/2컵(1.1ℓ), 멸치를 넣고 센 불에서 끓어오르면
   중약 불로 줄여 뚜껑을 덮고 20분간 끓인다.

5 멸치를 건져낸 후 굴을 넣어
   센 불에서 5분간 끓인 다음 소금을 넣는다.

오징어 미역국

15~20분(+ 미역 불리기 10분, + 끓이기 25분) / 2~3인분

마른 실미역 2줌(10g, 불린 후 약 100g), 오징어 1마리
(270g, 손질 후 180g), 참기름 2작은술, 국간장 2작은술,
액젓(멸치 또는 까나리) 1작은술, 다진 마늘 1큰술,
물 1/2컵(100㎖) + 물 5컵(1ℓ), 소금 1/3작은술(기호에 따라 가감)

1 미역은 찬물에 담가 10분간 불린다. 바락바락 주물러
   씻은 다음 물기를 꼭 짠 후 한입 크기로 썬다.

2 오징어 몸통은 0.5cm 두께로 썰고,
   다리는 3cm 길이로 썬다.
   ＊ 오징어 손질법 50쪽 참고

3 달군 냄비에 참기름, 미역, 국간장, 액젓,
   다진 마늘을 넣고 센 불에서 1~2분,
   물 1/2컵(100㎖)을 넣고 3분간 볶는다.

4 물 5컵(1ℓ)을 넣고 센 불에서 끓어오르면
   중약 불로 줄여 뚜껑을 덮고 10분,
   오징어를 넣고 10분간 끓인 후 소금을 넣는다.

버섯 들깨 미역국

10~15분(+ 미역 불리기 10분, + 끓이기 15분) / 2~3인분

마른 실미역(10g, 불린 후 약 100g), 표고버섯 3개(75g),
들기름 1큰술, 국간장 1큰술, 물 1/2컵(100㎖) + 4와
1/2컵(900㎖), 국물용 멸치 5마리, 들깻가루 5큰술,
다진 마늘 1/2큰술, 소금 1/3작은술(기호에 따라 가감)

1 미역은 찬물에 담가 10분간 불린다. 바락바락 주물러
   씻은 다음 물기를 꼭 짠 후 한입 크기로 썬다.

2 표고버섯은 0.5cm 두께로 썬다.

3 달군 냄비에 들기름, 미역, 국간장을 넣고
   센 불에서 1~2분, 표고버섯, 물 1/2컵(100㎖)을 넣고
   3분간 볶는다.

4 물 4와 1/2컵(900㎖), 멸치를 넣고 센 불에서
   끓어오르면 들깻가루, 다진 마늘을 넣고
   중약 불로 줄여 뚜껑을 덮고 10분간 끓인다.

5 멸치를 건져낸 다음 중약 불에서 5분간 끓인 후
   소금을 넣는다.

황태 미역국

5~10분(+ 미역 불리기 10분, + 끓이기 20분) / 2~3인분

마른 실미역(10g, 불린 후 약 100g), 황태채 2컵(40g),
들기름 1큰술, 다진 마늘 1/2큰술, 물 5와 1/2컵(1.1ℓ) +
1/2컵(100㎖), 국간장 1큰술, 소금 1/3작은술(기호에 따라 가감)

1 미역은 찬물에 담가 10분간 불린다. 바락바락 주물러
  씻은 다음 물기를 꼭 짠 후 한입 크기로 썬다.

2 황태채는 한입 크기로 자른 다음
  물 5와 1/2컵(1.1ℓ)에 담가 5분간 불린 후 물기를
  꼭 짠다. 이때, 황태채 불린 물은 따로 둔다.

3 달군 냄비에 들기름, 다진 마늘, 황태채를 넣고
  중간 불에서 1분, 미역을 넣고 2분,
  물 1/2컵(100㎖)을 넣고 2분간 볶는다.

4 ②의 황태채 불린 물, 국간장을 넣고 중약 불에서
  뚜껑을 덮어 20분간 끓인 후 소금을 넣는다.

감자 미역국

5~10분(+ 미역 불리기 10분, + 끓이기 20분) / 2~3인분

마른 실미역(10g, 불린 후 약 100g), 감자 1/2개(100g),
참기름 1작은술, 다진 마늘 1작은술, 국간장 1/2작은술,
액젓(멸치 또는 까나리) 1/2작은술, 국물용 멸치 15마리,
물 1컵(200㎖) + 4컵(800㎖), 소금 1/3작은술(기호에 따라 가감)

1 미역은 찬물에 담가 10분간 불린다. 바락바락 주물러
  씻은 다음 물기를 꼭 짠 후 한입 크기로 썬다.

2 감자는 한입 크기로 썬 후 찬물에 헹궈 물기를 뺀다.

3 달군 냄비에 참기름, 다진 마늘, 미역, 감자,
  국간장, 액젓을 넣고 중간 불에서 1분간 볶는다.

4 물 1컵(200㎖)을 넣고 센 불에서 끓어오르면
  물 4컵(800㎖), 멸치를 넣고 중간 불에서
  10분간 끓인다.

5 멸치를 건져낸 후 중약 불로 줄여
  뚜껑을 덮고 10분간 끓인 다음 소금을 넣는다.

*Index

*Index

가나다순

< 아기와 함께 10개월 잘 먹기 태교음식 > 과 **함께 보면 좋은 책**

"제 아이, 조카들, 절친 아이들까지 이 이유식책으로 키웠습니다"

< 아기가 잘 먹는 이유식은 따로 있다 > 완전 개정판

그대로 따라 하면 아기가 잘 먹는 이 책,
45만 엄마들이 선택한 이유입니다.

☑ 아기가 잘 먹는 이유식의 노하우를 **더 풍부하게**
☑ 다른 이유식 책 필요 없이 **한 권으로 충분하게!**
☑ 초보 엄마들도 누구나 **더 따라 하기 쉽게!**
☑ 엄마의 수고로움을 덜어주어 **더 활용도 높게!**

> 책 사기 전에 여러 블로그
> 떠돌며 이유식을 만들었는데
> 책 한 권에 이유식 모든 단계부터
> 간식까지 들어있으니
> 진작에 살 걸 싶었어요.
>
> - 온라인 서점 교보문고
> dm***86 독자님 -

홈페이지 www.recipefactory.co.kr 애독자 카페 레시피팩토리 프렌즈 cafe.naver.com/superecipe 인스타그램 @recipefactory
네이버 포스트 레시피팩토리 유튜브·네이버TV 레시피팩토리TV 카카오스토리·페이스북 레시피팩토리everyday
구입 및 문의 1544-7051, 온·오프라인 서점

< 아기와 함께 10개월 잘 먹기 태교음식> 과 **함께 보면 좋은 책**

"이유식이 끝났는데 이제 뭘 먹여야 할지 모르겠어요"

< 이유식 끝나자마자 시작하는 15~50개월 기본 유아식 >

아이는 잘 먹고 엄마는 쉽게 준비하는
유아식 성공 전략 & 레시피

☑ 다양하고 맛있는 유아식 레시피 216가지
☑ 좋은 식습관 형성을 위한 영양 전략
☑ 쉬운 유아식을 위한 식사 준비 전략
☑ 맛있는 유아식을 위한 조리 전략

유아식이 막막했는데
워킹맘이 짧은 시간 내에
간단히 차릴 수 있는 메뉴는 물론,
유아식에 대한 전략이 담겨있어
진짜 큰 도움을 받았어요.

- 온라인 서점 교보문고
ss*****aha 독자님 -

아기와 함께 10개월 잘 먹기
태교음식

1판 1쇄 펴낸 날 2018년 3월 22일
1판 4쇄 펴낸 날 2021년 8월 2일

편집장	이소민
편집	김현경 · 윤채선
메뉴 검증	배정은 · 유선아(어시스턴트 심운정)
디자인	원유경
사진	박건주 · 구은미(프레임 스튜디오)
스타일링	김형남(어시스턴트 임수영)
임신부 모델	조진산
일러스트	조라
영업·마케팅	김은하
고문	조준일
펴낸이	박성주
펴낸곳	(주)레시피팩토리
주소	서울특별시 송파구 올림픽로212 갤러리아팰리스 A동 1224호
독자센터	1544-7051
팩스	02-6969-5100
홈페이지	www.recipe-factory.co.kr
독자카페	cafe.naver.com/superecipe
출판신고	2009년 1월 28일 제25100-2009-000038호
제작·인쇄	(주)대한프린테크

값 17,800원

ISBN 979-11-85473-39-0

독자 기획단

김가희, 김미영
김수정, 김현옥
박지혜, 선수연
유지희, 원종진
이소영, 정유경
최복실, 홍원경

소품 협찬 두두에컴퍼니(www.hbmarket.net), 디밤비(www.dibambi.com), 윤현상재(www.younhyun.com), 페블 차일드(www.pebblechild.co.kr)